預金残高391円
だった僕が

資産10億円になれたお金の引力

日本人トップ1%の大富豪
末岡由紀

サンマーク出版

この本を、僕の6人の子どもたち、
そして、これから夢を追う君に贈ろう。

プロローグ

預金残高391円だった僕はこうしてミリオネアになった

プロローグ

預金残高391円だった僕はこうしてミリオネアになった

お金が増えるリアルな仕組み

ひょっとすると、君の預金通帳には100万円もないかもしれない。

いや、10万円もないかもしれないね。

そんな君に、お金持ちになる方法を伝えよう。

お金持ちになる方法はいくつもある。これから伝える方法は、そのいくつもある方法のうちのひとつ。かつ、僕がこれまでやってきたやり方だ。

僕も以前は、預金残高391円だったこともあった。でも、変われたんだ。

その方法を僕は、「お金の引力」を高める方法と呼んでいる。

最初に言っておくけれど、僕が実践してきたこの「お金の引力」を高める方法は、短期間であっという間にお金が増えたり、楽して稼げるようになったりする魔法のような方法ではないよ。むしろ拍子抜けするくらい地味なやり方かもしれない。

お金の引力を高めるには、必ず〝段階〟がある。

昔話やおとぎ話のように、ある日突然億万長者になれる人はほぼいない。

僕の年収が「200万円　→　700万円　→　1800万円　→　1億円超」と、だんだん増えていったように、たいていの人はある程度の年月を経てお金持ちになっていく。その階段を順調に上っていくには、段階ごとに「お金を増やす方法」を変えていかなくてはならない。

年収200万円以下の人が、年収450万円をめざすのと、
年収2000万円の人が、年収1億円超をめざすのとでは、
そのやり方は違うんだ。

僕はこのすべての段階を踏んできた。各段階でやり方を変え、お金の引力を高めてきた。その各段階のやり方をこれから君に教えるつもりだ。

ただ、どの段階でも僕が「共通してやってきたこと」がひとつだけある。

それは成功者の行動を忠実に真似《まね》すること。

結果が出るまで真似をし続けること。

たとえば年収200万円代のときには、身近にいる人のなかで一番年収の高い人の行動をつぶさに観察して徹底して真似をした。

そしてその人の年収を超えたら、次にめざすべき人を見つけてその人の行動を徹底して真似た。

身近にめざすべき人がいなくなったら、本を読みまくって見知らぬその人のやり方を実践した。講演会など著者に会える機会があれば、東京でも九州でも飛んでいった。

僕がこれまでやってきたことというのは、究極にはそれだけ。
目標とする人を見つけて、その人の行動を徹底的に真似る。即行動する。そして結果が出るまで、真似をやり抜く。

これができれば誰にだってお金持ちへの扉は開かれる。

お金を巡るさまざまなチャンスを引き寄せる力になる。

年齢が若すぎるとか、歳を取りすぎているとか、家庭環境に恵まれなかったとか、学歴がないとか、そんなことは関係ない。

自分の力でその扉をこじ開けることができるんだ。

貧乏から年収1億円！どんな境遇でも何歳でも変われる

僕は現在年収1億円を超える。資産は、家族名義の不動産を含めると10億円超になる。**この資産額は、日本人のなかでも上位の1％にも満たないという。**

だけど、裕福な家庭に生まれ育ったわけではない。

北海道の千歳《ちとせ》市というところで生まれ、２歳のときに両親が離婚して母子家庭となり、母と弟との３人で市営団地に暮らした。後に母親が再婚し新しい父親ができたが、それで家庭の経済状況が一気に良くなったという実感は僕にはなかった。

優秀校とはいえない札幌の大学に入り、一人暮らしを始めると、お金がなくて部屋の電気が止まった。真面目《まじめ》に勉学に励んでいたなら「苦学生」という言い訳も立っただろう。

でも当時の僕が貧乏だったのはパチスロにはまっていたせい。最悪だよな。

そのときの預金残高３９１円。１０００円単位でしか下ろせないから、出金ができなかった記憶がある。


不動産会社に入社し、社会人になってからも生活はあまり変わらなかった。

ある晩、仲間と深夜まで飲み歩き、自分のアパートの部屋に帰ったら、（後に僕の妻となる、当時付き合っていた）彼女が一人でシクシク泣いていた。

理由を聞いても何も言わない。彼女は黙ってただ泣くだけだったけれど、僕には彼女の思いが見えた。たぶん、当時の僕の状態が情けなさすぎたのだろう。

仕事も適当で、終業後は夜な夜な繁華街に繰り出して遊んでいた。何もかもが中途半端だった。そんな僕を責めたり、説教したりするわけでもなく、ただ泣く彼女を見て「このままではダメだ」と本気で思った。

僕の人生が動き出したのはそれからだ。

気持ちを180度切り替え、仕事に燃えた。**1年後にはトップセールスとなり年収は一気に700万円になった。**

その後幾度かの転職を経て、32歳のときにまたトップセールスとなり、年収は1800万円となった。**32歳で起業し、35歳から現在の40代半ばまで年収は1億円を超えている。**

もちろん、人のしあわせはお金の量で決まるわけじゃないし、お金が増えたことを自慢したいわけでもない。**ここではわかりやすく、具体的に僕のお金がどう増えていったかを知ってもらおう**と思っただけだ。

しかもここまで順風満帆にきたわけではなく、迷ったり失敗したりしながらやってきた。

でも確かに言えるのは、「お金を増やす方法はある」ということ。

宝くじで一等当選を期待するとか、ギャンブルで一発逆転を狙うとか、てっとり早く稼げそうな職業につくといった方法ではない、誰もができる堅実な方法があるということ。もちろんそれは、**いわゆる一流校に進学して一流企業に就職するといった時代遅れの方法でもない**。その「堅実な方法」を実践してきたから、僕のお金は増えたのだ。

この方法を60代のある女性に教えたら、70代の現在、預貯金残高7000万円だ。

60代のときは、時給800円程度で洋裁のパートをしていた。通帳の預金残高はせいぜい200万~300万円。

でも「お金を増やす方法」を手取り足取り教えて、実践したら資産は順調に増えていった。じつはこの女性とは、**僕の母親だ。**

一つひとつ手順を踏めば誰にでもできるやり方で、何も特別な方法じゃない。

お金を増やそうと本気で思えば、いくつになったってそれは可能なんだ。

「マインド」を変え、「仕事」を見直し、「お金の知識」を身につける

ではお金の引力を高める各段階で、何をやるべきなのか。

くわしくは後で説明するけれど、どの段階でもそれは**「マインド」「仕事」「お金の知識」の3つに分類できる。**


まずはマインド。

十分なお金を持っていない君が「お金持ちになりたい」と願うなら、一番に手をつけるべきなのが自分のマインドだ。

これまで僕は「今よりお金持ちになりたい」という人に多く会ってきたけれど、それを実現できない人のほとんどが、最初から心のどこかであきらめているんだ。

「どうせ自分はこの程度だ」「まあ、せいぜいこんなものだろう」などと現状に慣れてしまっている。あるいは思い通りにならない現状を、「親も貧乏だし」「学歴がない

し」などと環境や過去のせいにしてしまっている。

自分の価値を自分で下げてはいけない。自分の価値は自分で決めると、強く思うんだ。

本気でお金持ちになりたいならまずはマインドを変えないといけない。


次に、仕事。

君の預金がもし10万円以下だったら、まずはしっかり目の前の仕事をやらないといけない、ということはわかるよね？

お金を得るには仕事は欠かせない。

そしてお金を増やすには、仕事とどう関わっていくかもとても大事。


最後にお金の知識。

たとえば学校の先生になろうと思ったら、勉強して教員免許を取らないといけないよね？　料理人になりたかったら、学校に行ったり弟子入りしたりするなどして料理の基礎を一から学ぶ必要がある。

同じように、お金持ちになろうと思ったらそのための知識を学ぶ必要があるんだ。

ひょっとしたら君は、たくさん働けばお金がたくさんもらえる、有名な企業に就職すればたくさんお金がもらえると思っているかもしれない。給料が安い会社にしか入れなかったら副業をすればいい、とも思っているかもしれないね。

まあ確かにそれも間違いではないけれど、その考えだけでお金持ちになってしあわせに暮らしている人を僕は知らない。**労働だけでお金を増やすのは限界がある。しかもその限界は意外と早くやってくる。**

これも含めて、お金持ちになるためには知っておかないといけない知識がたくさんあるんだ。

3つの更新をうまくできた人だけがお金持ちになれる

お金持ちになるには、常にこの3つの要素をおさえることが大事なんだ。

そしてこの3つの内容は、お金が増えるにしたがって変わっていく。

たとえば年収が450万円の人と年収が1億円の人とでは、持つべきマインドは違ってくる。

最初はとにかくお金に気持ちをフォーカスすることが大事だけれど、いつまでもお金のことしか考えられないようではしあわせな人生は送れない。

年収450万円以下の人がどこかの会社で一生懸命働くのは大事。でも働き続ければお金も増え続ける、というわけじゃない。限界が見えたら仕事への姿勢をシフトチェンジしない限り、お金は増えていかない。

お金との付き合い方もそうで、**たとえば年収が450万円以下の人はむやみに借金するべきではないけれど、年収2000万円の人ならたとえ手元に十分な現金があったとしても借金をした方がいい場合もある。**

このようにマインド、仕事、お金の知識の3つは段階に応じてその内容を更新していかなくてはならないんだ。

この更新をうまくできた人がお金持ちになれるんだよ。

僕もその階段を一つひとつ上ってきたわけだけれど、さっきも言ったように順調にここまできたわけじゃない。

お金は増えたけれど家族を置き去りにしてしまっていると気づいたり、お金の使い方を間違えて何千万円という損をしたりしたこともある。

たくさんの失敗をしてきた。その失敗を含めて君には全部を話そうと思う。

お金の使い道に「夢」があると、お金は増えやすくなる！

ところで君はお金持ちになったら、そのお金を何に使おうと思っているだろうか。

とにかく生活費が必要だ、と思っているかもしれない。

それは確かにその通り。まずは衣食住にかかる費用をきちんと稼ぐべきだよな。

では最低限の生活費を稼ぐことができたら、次はなんのためにお金を増やそうとするだろうか。お金を増やすには、まずはこの部分をきちんと考える必要があるんだ。

これをやるためにお金が必要、こうしたいから自分はお金を増やすんだ、という強い動機がないとお金は増えていかない。お金の引力も働かない。

さらに、**たとえお金が増えたとしても、その使い道に夢がないとしあわせな人生は送れない。**

お金には特別なエネルギーがあるから、人はお金に惹《ひ》きつけられる。お金さえあればしあわせになれるはず、という錯覚も起こす。

でも実際はお金があるだけでは人はしあわせにはなれない。お金はどう使うか、がとても大事なんだ。

僕は今、自分が自由になるお金の大半を自分の夢の実現のために注ぎ込んでいる。夢はいくつかあるけれど、そのひとつはプロの歌手になり、ドームでライブをすること。これは本気の夢なんだ。

「俺は将来プロのミュージシャンになる」というのは、多くの若者が吐くセリフだ。そんな言葉に多くの大人は眉間にシワを寄せる。続けて、「食べていけるわけがない」「路頭に迷うに違いない」などと言うだろう。

今の僕はそんな言葉をはね除《の》けられる。

自分も家族も生きていくためのお金は、もう十分に持っているから。たとえ僕がこの世からいなくなったとしても、家族は生活について何ひとつ心配がいらない程のお金を得たから。

ちなみに僕の家族は、今、妻と6人の子どもたちがいる。

つまり今の僕は、堂々と自分の夢を追いかけられるんだ。

夢を追いかける人生は楽しい。**そして夢があると、お金は増えやすくなる。**このことは、くわしくは第2章で話すけど「**夢に予算をつける**」と僕は言っている。

かつてはパチスロに明け暮れて電気代も払えなかった僕が、今はいわゆるミリオネアとなって、夢を追って生きている。君にもぜひ、そんな生き方をしてほしい。

常に生活を心配する生き方ではなく、常に夢を追って楽しい人生を生きてほしい。

これから教えるお金の引力を高め、「お金を増やす方法」は、そのための方法でもあるんだ。

どうか君がしあわせでありますように！

そんな願いを込めてこれから話をしよう。

プロローグ

預金残高391円だった僕はこうしてミリオネアになった

第1章

年収450万円以下の君がお金持ちになるために今やるべきこと

第2章 年収2000万円代をめざす君が今すぐやるべきこと

02 年収2000万円になるための **仕事の見直し【5ステップ】**　128

03 年収2000万円になるための **お金の知識【16ステップ】**　148

第3章 年収1億円以上になった僕がやっている「お金の引力」を高める方法

ブックデザイン　小口翔平＋青山風音（tobufune）
カバーイラスト　松本セイジ
編集協力　山田由佳
企画協力　株式会社ぷれす
　　　　　ブックオリティ
編集　金子尚美（サンマーク出版）

第1章

年収450万円以下の君がお金持ちになるために今やるべきこと

01

年収450万円になるための
マインドセット
【5ステップ】

手をつけるべき
最初の一手は「決める」こと

「お金の引力」を高め、お金持ちになる方法の話を始めよう。

まずは年収450万円以下の段階についてだ。

年収が450万円くらいになるためにやるべきことを、**「マインド」「仕事」「お金**

の知識」の3つに分けて話していく。
そもそもなぜ「年収450万円」なのかというと、ここ数年の日本の平均年収が次のようになっているから。

◎20代……340万円前後
◎30代……430万円前後

つまり年収450万円くらいになれば、20代から30代なら「人並みの年収」といえるんだ。

自分の今の年収を考えると「年収450万円」は遠く感じるかもしれない。

会社から支払われる給料は毎月決まっている、1年や2年で給料が急激にアップするなんてことはあり得ない。自分にはとても無理だ……と思うかもしれない。

もし君がそう思うのなら、手をつけるべきはその気持ちからだ。

今よりお金持ちになりたいと本気で思うのなら、「自分には無理」という気持ちを捨てて、「自分はお金持ちになる」と決めないといけない。今がどうであるかよりも、自分自身で思い込むことが大切だ。
人生は何事も「決める」ことから始まるんだよ。

これまでの君の行動を振り返ってみてもそれはわかると思う。進学した学校、遊びに行った場所、着ている服……。何事もその根本には「こうしよう」という自分の意志があったはずだ。

お金持ちになるかどうかも同じで、まずは決めることから始まる。「自分はお金持ちになれない」と思っていたら、その通りの結果しかやってこないんだ。

だからまずは、「自分はお金持ちになるんだ」と決めよう。

年収450万円になるためのマインドセット1

「自分はお金持ちになるんだ」と決める

お金持ちの人とお金持ちではない人の中身の違いは……ない！

「お金持ちになる」と決め切るには、なんとしてもお金持ちになりたいと渇望することが大事。

希望や願望では足りない。この不足感をなんとしてでも埋めてやる、自分を満たしたいと切望する「渇望」でないといけない。

太陽が照りつける砂漠の真ん中で、カラカラに干上がった喉が一滴の水を求めるがごとく、強く強く求める必要があるんだ。

このときに大事なのが、先ほども言ったように「自分には無理」という思い込みを捨てること。

僕は多くの若者がこの思い込みを抱えたままでいる、と感じている。

たとえば「誰にでもできる簡単な仕事です」といううたい文句のアルバイトを、何も考えずに続けている若者は多い。もちろんそのような仕事も社会を支える大事な仕事だろう。そこに自分なりの意味を見出し、将来を見据えて働いているならいい。でもきっと多くの若者はそうじゃない。「自分はこの程度の仕事しかできない」と思い込み、それだけで続けている人が多いように思う。

一度、真剣にその思い込みはどこから来ているのかを考えてみてほしい。
親から言われた言葉に影響されていないだろうか。
周囲の仲間や友達の言動に影響されていないだろうか。
仮に親や友達などから言われた言葉が影響しているとしたら、その言葉には本当に根拠があるのだろうか。

僕は客観的に見て、**「誰にでもできる簡単な仕事」を続けている人と、お金持ちの人の中身はそう変わらないと思っている。**

少なくとも僕はそう。僕は飛び抜けて頭がいいわけでもなく、ずば抜けた才能があるわけでもない。生まれた環境が特別に恵まれていたわけでもない。

でもお金持ちになれた。

では何が違っているかといえば、「なんとしてでもお金持ちになりたい！」と渇望したこと、そして「自分には無理」という思い込みがなかったことだろう。

もちろんどんなに渇望しても、気持ちだけではお金持ちにはなれない。

けれど、渇望がなければお金持ちにはなれないことも事実なんだ。

年収450万円になるためのマインドセット2

希望や願望では足りない。強く強く求める

スマホをダラダラ見るだけに時間を使っている君へ

「自分はお金持ちになるんだ」と決めたら、次に君がやるべきなのは時間の使い方を変えることだ。

君は毎日、やたらにスマホの画面に向かい、ＳＮＳやＹｏｕＴｕｂｅで自分の興味のある情報を見せられるままに眺め続けていないだろうか。

変えるべきなのは、まずそこだよ。

「自分はお金持ちになる」と決めても、それを単に「いつかきっと……」と夢のように思っていてもダメなんだ。

自分がお金持ちになるのは当たり前。お金持ちになるのはスゴいことではなく、まったく当然のことくらいに思わないといけない。

「今日の夕飯はカレーを食べよう」と、決めて実行するのと同じくらいのレベルで考えられるようになる必要がある。

そう思えるようになるためには情報収集が大切だ。

たとえば、「自分には学歴がないからお金持ちにはきっとなれない」と考える人は多い。でも本当にそうなのだろうか。

大学なんて出ていなくてもお金持ちになっている人は、この世の中にたくさんいる。

株式会社ZOZOの前身、株式会社スタートトゥデイの創業者の前澤友作氏。

HIKAKINやはじめしゃちょーなどの有名YouTuberが多数所属するマネジメント事務所・UUUM株式会社の前身の会社を作った鎌田和樹氏。

カレーが美味《おい》しい株式会社壱番屋（ココイチ）を作った宗次徳二氏。

旅行代理店の株式会社エイチ・アイ・エスで社長となり、現在は株式会社JHATの代表取締役社長を務める平林朗氏。

彼らは皆、大学は卒業しておらず最終学歴は高校だよ。

資産家の家に生まれたわけでもない。

自らのアイデアと努力で事業を起こし、富を築いている。

同じような人は他にも山ほどいて、彼らはそのほんの一部だ。

こういうことは調べればいくらでも出てくる。

そしてこういうことを知ると、「自分には学歴がないから」という考えは単なる思い込みだったと気づけるし、自分にも可能性を感じられるはずだ。

「お金持ちになる」というのは特別ではなく普通のこと、自分にも十分に可能性があると思えるようになる。

だからどうでもいいような芸能ニュースやSNSを見る時間を減らして、もっと有益な情報に触れるようにしよう。

お金持ちになるには「学歴がないと」「親がしっかりしていないと」「一流の企業でないと」などと、人はたくさんの思い込みを抱えて生きている。

だけど、情報を集めると自分とはまったく違う考え方でお金持ちになっている人が大勢いることがわかるはずだよ。

お金に余裕がない段階では、お金の使い方を変えるには限界がある。節約しようと思ってもこれ以上できないという場合もあるだろう。貯金をしたくてもその余裕はないかもしれない。

でも時間の使い方なら誰でも変えられる。

お金の有無は関係なくできる。

そして今は、基本的に無料でいい情報が簡単に手に入れられる。

だから時間の使い方を変え、良質な情報に触れて、まずは「自分はお金持ちになって当然なんだ」というマインドを手に入れよう。

年収450万円になるためのマインドセット3
時間の使い方を変え、有益な情報を集めよう

ネガティブの爆発「うんざりだ！」がクリエイティブな力を生む

「自分はお金持ちになる」と決め切るには、ネガティブな感情が役に立つ場合もある。**僕自身のことを振り返ると、ターニングポイントのひとつは「もううんざりだ！」と心の底から叫んだときだった。**

それは不動産会社に入社して間もない頃。僕は26歳だった。

毎日、決められた出社時間に間に合うように満員電車に乗って通勤していた。会社に着くと性格の悪い年下の上司がいて、嫌味を言われたり嫌がらせを受けたりした。残業はたっぷりやって、それでも給料は安かった。

日々の生活に不満を感じつつも、「まあ、社会人なんてこんなものだろう」とゆるく我慢していた。

でもあるとき、突然爆発した。

「やってられるか！　こんな生活はうんざりだ！」って気づいたんだ。

満員電車、理不尽な上司、少ない給料、決められた出社時間、自由にならない時間、無駄な飲み会……。ひとつとしていいものなんてない。

本当は嫌で嫌でたまらない。それを今まで自分は気づかぬふりをしていただけじゃないか、ってわかったんだよ。


そして「もうこんなうんざりな生活からは抜け出そう」と決めたんだ。

そう、僕が「決めた」のはこのときだった。

決めたのは会社を辞めることじゃない。

この会社にいながらにして、現状から脱出しようと決めたんだよ。

自分で言うのは可笑《おか》しいけれど、その後の僕の行動力はスゴかった。

翌年には社内でトップセールスになったからね。実際にどうやってトップセールスになったかは後で話すよ。


ここで知っておいてほしいのは、自分のネガティブな感情から目を逸《そ》らさないでほしいってこと。

嫌だ、不快だと思った気持ちは直視すべきなんだ。自分で自分に嘘《うそ》をついてちゃいけない。そうでないと、ゆるく我慢し続ける体質になってしまう。

我慢しているだけでは何も変わっていかない。

でもネガティブな感情をしっかり感じると、それは行動へのエネルギーになるんだ。

その例をひとつ教えるよ。

ＪＲや首都圏の地下鉄の駅のホームにある「のりかえ便利マップ」というものを見たことはないだろうか。各駅のエスカレーター、エレベーター、乗り換え口、出口の位置などが記されていて、それらを使うには電車の何両目に乗れば便利かがわかるようになっているものだ。

このマップを考案したのは、当時幼い子どもを抱えている主婦だった。

まだ赤ちゃんだった我が子をベビーカーに乗せて電車を利用した際、エレベーターの位置がわからずホームの端から端まで歩く羽目になったそうだ。赤ちゃんも自分も、ぐったり疲れてしまったらしい。

「これから行く駅のどこにエレベーターやエスカレーターがあるのか。それがわかるものがあったら……」と考えたそうだ。

これは想像だけれど、この方には赤ちゃんや赤ちゃん連れの人を大事にしない社会への不満もあったんじゃないかな。

「こんな世の中はけしからん!」っていう……。でもそのエネルギーは行動に変わった。

この方は500駅を歩きまわり、階段、エスカレーター、エレベーターの位置を全部一人で調べたそうだ。自分の足を使って膨大な量のデータをまとめあげたんだ。そしてそれはやがて事業にまで発展した。

こんなふうに「もう嫌だ!」というエネルギーは、行動に繋《つな》がるんだ。だからネガティブな感情は利用しない手はないんだよ。

もし君が今の自分の状況に満足できていないとしたら、それはチャンスでもある。それだけ行動に繋がるエネルギーを持っているってことだからね。

さあ自分の気持ちを正直に見つめて、「うんざり!」の種(=エネルギー源)を探し出そう。

年収450万円になるためのマインドセット4

自分のネガティブな感情から目を逸らさずエネルギーに変える

お金持ちになる必須条件！「親ガチャ失敗」なら親から逃げろ

もし君が、「自分は親ガチャ失敗だった」と思っているなら、すぐにでも親の下から逃げるべきだ。

いきなりこんなことを言うと、「お金持ちになる」ことと親にどんな関係があるのかと君は思うかもしれないね。

じつはお金持ちになるには、健全な心を持っていることがスゴく大事なんだよ。

親との関係がうまくいっていないと、心が荒れてしまう人は少なくない。親の影響というのは自分が思っている以上に大きい。経済的に頼っている若いうちはなおさら。親子関係は子どもの心の状態を左右する。

ではなぜ、お金持ちになるには健全な心を持っていることが大事なのか。

僕が言う「お金持ちになる」という言葉は、単にお金をたくさん持っている人になるという意味ではないんだよ。

僕の「お金持ち」の定義はこうだ。

お金と時間と場所から解放され、人生の夢をかなえ、
多くの人から愛され、
自分の生み出した富を多くの人に還元している人。

これを実践できている人が本物の「お金持ち」だと思っているし、君にはそんなお金持ちになってほしい。

でも心がすさんでいたら、こうはなれないだろう？

だから健全な心が必要で、**そのための一歩が親との関係をなんとかすることなんだ。**


しかし親との関係を良くするのは容易ではない。

じつは僕も「親ガチャ失敗だった」と思っていた一人だ。

僕の母親は僕が2歳、弟がまだ0歳のときに離婚をした。僕は6歳までシングルマザーの母親の下、親子3人で暮らしたんだ。この頃は親子3人がスゴく仲良しだった。よく3人で小さなテーブルを囲んで、かっぱえびせんを食べた。テーブルの真ん中にかっぱえびせんの袋を置いて、かっぱえびせんにマヨネーズをつけて食べた。

母親は昼も夜も働き通しできっと苦労したと思う。住んでいたのは市営団地の狭い家。いかにも貧乏だったなあ。でも楽しかった。

それが変わったのは、母親が再婚をしてから。

母親は僕が6歳のときに一度目の再婚をし、翌年に離婚。そして僕が12歳のときにまた再婚したのだけれど、このとき新しくできた父親との関係が最悪だった。

父親は言葉遣いが悪く、「バカ」「アホ」といった言葉を普通に使った。僕にも弟にも、人としての尊厳をふみにじるような接し方をした。肉体的な暴力こそふるわなかったけれど、精神的な暴力をふるってきた。

そんな父親と正面から良き関係を築くなんて無理だった。

ではどうしたかというと、僕は家を出た。親の下から逃げ出したんだ。大学二年のときだった。勝手に家を出たのだから、生活費は自分で工面しなければならなくなった。生活は楽ではなくなったけれど、これは自分にとっても親にとっても正解だった。

うまくいかない相手とは、一旦物理的な距離を取る……。

これは相手が親に限らずとても大事なことだと思う。

距離を取れば相手の言動に左右されなくなる。相手がまとう不穏な空気にも影響されなくなる。それだけで自分の心は健康に近づく。

自分の心が健康になると、相手に対しても多少は寛大になれるものだよ。

僕は父親と長い間距離を取り、関係が少し落ち着いた後は、**父親のいい部分だけを見るように努力した。どんな人間にもいい面は必ずあるものだからね。**

だから父親との過去の一切合切をできるだけ思い出さないようにして、父親のいい部分とだけ付き合うようにした。そうしたら、不思議と父親もかつてのような暴言を吐かなくなった。

とはいえ、まだ完全に父親との間のしこりが取れたわけじゃない。それほど親子関係というのはむずかしいと思う。

もし今君が親との関係を悩んでいるなら、一旦親と離れることは賢い選択のひとつだと思う。

年収450万円になるためのマインドセット5

うまくいかない相手とは物理的な距離を取ろう

02 年収450万円になるための 仕事の見直し【10ステップ】

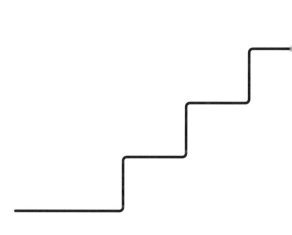

お金を得る3つの方法を知っているか？

ここからはしばらく、仕事との向き合い方について話をするよ。

君にまず知っておいてもらいたいのは、**お金を得る方法は主に3つあるということ。**

それは①労働、②起業、③投資だ。

労働はその名の通り、自分の頭と体を使って働くことだ。

社員として、アルバイトとして、フリーランスとしてなど、その形態はさまざまだけれど、基本的には自分の労働時間と引き換えにお金を得る。

社会の大半の人はこの方法でお金を稼いでいる。もっとも手っ取り早くお金を得られる方法でもある。

起業とは、新たに事業を起こすこと。

「新しい会社を作る」とイメージするとわかりやすいだろう。

自分一人で事業を続けて利益を生み出す人もいるが、多くは社員を雇い、社員に働いてもらうことで利益を生み出している。

会社を起こすのも存続させるのも相当な労力がいる。

でもうまくいけば、社員として労働するよりも何倍ものお金を得られる。

事業が軌道に乗れば、実際の労働時間はごくわずかでも多額の報酬を受け取れるだろう。ただし、もちろん事業がうまくいく確率は100%ではない。成功した場合の報酬が高い分、失敗したときに負わなければならないお金も多額になる。

投資とは、今後価値が上がりそうな株や土地などにお金を出すこと。

株も土地も企業の業績や世の中の情勢などによって値段が変わっていく。

たとえばマックで有名なアップル社の株価は、2018年8月10日では51・88USドルだったけれど、2022年8月12日には172・10USドルと3倍以上高くなっている。

つまりアップル社の株を2018年8月に買い、2022年8月に売った人は、ざっくりと計算しただけでも元のお金の3倍以上が手元に入ってくることになるんだ。

このように利益が出そうなものにお金を出して、その利益を得ることを投資という。

ただし株も土地も含めて、すべてのものは必ず値上がりするとは限らない。

価格が上がりそうと見込んで買った株の価格が、実際には下がってしまい大損する場合もある。投資には常にリスクが伴うんだ。

ただしリスクをできるだけ回避する策もある。この策をしっかりとって実行すれば利益を得られる確率は高くなる。

投資が労働と大きく違うのは、自分の代わりにお金が働いてくれるという点だ。

労働は基本的に自分の時間と体を使って動き続ける必要がある。
でも投資は、一旦投資という作業をすれば、基本的にはそれにかかりきりになることはない。一定の時間は放っておくことができるんだ。

年収450万円になるための仕事の見直し1

お金は「①労働、②起業、③投資」で得られると知る

年収450万円以下の君がやるべきことは投資でも起業でもない！

さて、君の年収が現在450万円以下なら、今とにかく必死に取り組むべきなのは「労働」だ。

こういうと君はある意味ガッカリするかもしれないね。

「労働ならすでに十分やっている、それでもお金が増えない……」などと思うかもしれない。

しかも最近ちまたには、「お金と自由を手に入れたいなら投資をせよ」といった情報が溢《あふ》れている。「おすすめはＮＩＳＡだ」「ｉＤｅＣｏだ」などと金融商品の名が躍っている。

確かに投資はお金を増やす大事な方法のひとつだ。**でも、年収４５０万円以下の君にとって、投資をやる時機は今じゃない。起業についても然《しか》りだ。**

今やるべきなのは、今の仕事をとにかく一生懸命やることなんだ。

そもそも君は今の仕事にどれだけ真剣に取り組んでいるだろうか。

がむしゃらにやっているだろうか。どうしたらより効率よく作業できるか、どうしたらもっと利益を出せるだろうか、どうしたらもっとお客様に喜んでもらえるだろうかなどと、日々創意工夫をして仕事に向かっているだろうか。

今、君に必要なのはそういう仕事のやり方、姿勢なんだ。

なぜならそれが、いずれは自分の軸になるから。

自分の軸というのは、「自分はこれでお金を稼げる」という確かな手応えを持てるような仕事のこと。この仕事なら自分に任せてほしい、この仕事なら自分の右の出る者はいないと自信を持てるような仕事のことだ。

仕事の種類はなんでもいい。営業、接客、事務、開発、研究……。世の中にはさまざまな仕事があって、抱えている仕事は人それぞれだろう。

もしかしたら今やっている仕事は、自分が本当にやりたい仕事ではない、本当にやりたい仕事はもっと別にあると思っているかもしれない。

大事なのはたとえそうであっても、**まずは今目の前の仕事に真剣に取り組むこと。誰にも負けないという域に達するまでやり切ること。目の前の仕事の達人になること。**

沸騰するような熱い気持ちで仕事に向き合うのと、ぬるい気持ちで仕事に向き合うのとでは、今の給与は同じかもしれないが、「人生の給与」は大きく変わってくるだろう。

本当にやりたい仕事が他にあるなら、目の前の仕事に取り組むことは無駄なように思えるかもしれない。遠回りのように感じるかもしれない。

しかし、それでも今の仕事をやり切る。これからの君の人生を考えたとき、これはスゴく大事なことなんだ。

繰り返すけれど、そのやり切った仕事が「自分の軸」に繋がる。

今の仕事がそのまま君の軸になる場合もあるだろう。

あるいは今の仕事をやり切った後に、また別の道に進む場合もあるだろう。

ひとつの仕事をやり切ると、そこに達した者だけが見える景色がある。もし君に他にやりたい仕事があるなら、この景色が見えてから考えればいい。

ひとつの仕事をやり抜くと、次に進むべき道が見えてくる。その道を行った先に「自分の軸」を得られる場合もある。

ではなぜ、「自分の軸」が必要なのか。

それは「自分の軸」がないと、いつまでもどこかフラフラした感じになってしまうんだ。自分には何ができるのか、自分は何がやりたいのかがわからないまま、行き当たりばったりの仕事をこなしてしまうことになる。

30代、40代になってもなお、自分は何をすれば良いのか迷い続けることにもなるだろう。

自分のなかに確かな手応えがない状態というのは、想像以上につらいものだよ。

じつは僕にもそういう時期があった。僕は20代で不動産の会社に入社した。数年後に退社した後、「自分の軸」が見極められずに迷ってしまい、手当たり次第にいろいろな仕事をした。塾でアルバイトしたり、豆腐屋で早朝から働いたり、公務員になろうと勉強したり……。**迷った末に、結局入ったのは不動産関連の会社だった。そこで、沸騰するような熱い気持ちで仕事をした。**

そしてその流れで年収1億円以上の自分になれた。

不動産業界に戻れたのは、入社した会社で営業をやり切ったからだと思っている。僕はその会社で営業トップの成績を上げた。

会社内での営業なら、他の誰にも負けないという実力を身につけた。それがあったからこそ、やっぱり自分は不動産業界に戻ろうと決められた。そして不動産業界で働き続けるうちに、不動産の売買なら誰にも負けないという「自分の軸」を得られた。

つまりひとつでもやり切った仕事があると、それは将来の羅針盤にもなるんだ。

仕事をやり切ったという経験は、必ず未来の君を助ける。だから今やるべきことは、とにかく目の前の仕事をがむしゃらにやることなんだ。

年収450万円になるための仕事の見直し2
目の前の仕事をやり切り、自分の軸を作る

「結果が明らかにならない努力」が思わぬ効果を生み出す

目の前の仕事をがむしゃらにやるというのはどういうことだろうか。

そのひとつは、目の前の作業を丁寧に一生懸命やること。

たとえば書類を書く作業なら、一字一字を丁寧に書く。接客なら、言葉遣いを丁寧にする。相手にお茶やお水を出すときには、丁寧に置く。電話をかけるときには、相手がどんな態度を取ろうと最後まで冷静に応じて静かに切る。

こんなふうに、一つひとつの作業をいちいち丁寧にやるんだ。

当然やりたくない仕事、面倒だと思う仕事もあるだろう。でも**そういう仕事ほど、丁寧に一生懸命やることを心掛ける。**

君がやりたくないと思う仕事や面倒だと思う仕事は、きっと他の社員にとっても同じだ。誰もがやりたくない、面倒だと思うだろう。

そんな仕事に一生懸命向き合うって、カッコよくないだろうか。誰もが進んでやる仕事は誰かに任せておけばいい。誰もやりたがらない仕事だからこそ、自分だけは丁寧にやるんだ。

そんなことをしてなんの意味があるのか、と君は思うかもしれない。

僕はそんな疑問を持ったとき、いつもこの言葉を思い出した。

「結果が明らかにならない努力をしなさい」

これは僕が少年工科学校（現在の「高等工科学校」）に在籍していたときに、カウンセラーの先生が教えてくれた言葉。

少年工科学校というのは、簡単にいうと陸上自衛官になるための勉強や訓練をする学校。普通の学校と違って、この学校に入ると特別職国家公務員として毎月一定の生徒手当が支給される。場所は神奈川県の横須賀市にある。

当時、僕は父親の勧めでこの学校への進学を決めた。決め手は学校が横須賀市にある、ということ。北海道恵庭《えにわ》市という田舎に暮らしていた僕にとって、「横須賀市＝湘南」という感覚。この学校に入れば湘南で思い切り遊べる！　と期待したんだ。

しかし実際に入ってみると、勉強と訓練に明け暮れる毎日。全寮制の生活は自由な外出もままならない。さらに頭は角刈り。湘南の海は近くても、実際にはとても「遠かった」。

訓練がつらいとか、厳しいとかでなく、だんだんと僕は「このままでいいのだろうか」と将来に不安を感じはじめた。精神的にも行き詰まるようになり、よくカウンセラーの先生の部屋に駆け込んでいた。そのときの先生に言われたのが、この「結果が明らかにならない努力をしなさい」だった。

当時の僕は、その言葉の意味がよくわからなかった。

結果が明らかにならない努力に、意味を見出すのはむずかしい。

たとえば学校でむずかしい数学の問題を解かされる。この勉強にどんな意味があるのか、この数学の勉強が将来何かの役に立つのか、と疑問に思ったことはないだろうか。

文系の大学をめざす自分に数学が役立つときがあるとは思えないなどと考えたとき、数学の勉強をやる気力はなくなったと思う。当時の僕も同じように考えていた。結果が明らかにならない努力なんて、やる意味はないんじゃないかって。

でも今の僕なら、当時の自分に次のように言いたい。

「それでも、結果が明らかにならない努力をするべきなんだ」

努力というのはどこでどう繋がるかはわからない。

たとえば数学は、音楽と非常に関連が深いといわれている。

音楽を掘り下げると、古代ギリシャの数学者・ピタゴラスの名前が出てくるなどする。大好きな音楽を極めようとしたとき、ふと数学が現れる場合があるんだ。

こんなふうに、**人生のなかには、意外な何かと何かの繋がりがある。その繋がりはほとんどの場合、あらかじめはわからない。**

ずっと後になって、「ああ、あのとき一生懸命取り組んだあのことが今に繋がっている」と気づくものなんだ。


あるいはその繋がりに気づかないまま、その恩恵を受けている場合もある。

そしてその気づきや恩恵を得られるのは、結果が明らかにならない努力をした者だけだ。**なんの努力もしない者は、なんの結果も得られない。**

努力の結果がどこに繋がるのかはわからないのだから、目の前のことを一生懸命やるしかない。

たとえその結果が明らかにならなくても、丁寧に取り組むしかない。

そう思わないか。

年収450万円になるための仕事の見直し3

結果が明らかにならない努力をしなさい

最後は人間性で成功が決まる

目の前の仕事をがむしゃらにやる、目の前の仕事を丁寧に一生懸命にやるときに忘れないでほしいことがある。

それは、**周囲に思いやりを持つこと。**

仕事に邁進《まいしん》すると、まわりが目に入らなくなってしまうことがある。結果を出そうとするあまり、自分本意になってしまう場合もあるだろう。

しかしそれでは、本当のお金持ちにはなれない。

繰り返すけれど、僕が君になってほしいのは、次のようなお金持ちだ。

お金と時間と場所から解放され、人生の夢をかなえ、多くの人から愛され、自分の生み出した富を多くの人に還元している人。


どんなにお金持ちになっても、他者から嫌われ、自分の利益だけしか考えていない人間は、しあわせにはなれない。

同時に、他者から嫌われ、自分の利益だけしか考えていない人間は、本当のお金持ちにはなれない。いつしか化けの皮がはがれて、人が去り、お金も去っていくだろう。

お金持ちになるには、他者から、そして社会から愛されることが必要なんだ。

社会は人と人の繋がりでできている。

仕事も人と人との関係で成り立っている。

人が成功するかどうか、最後はその人の人間性で決まる場合が多い。

たとえば僕は不動産の売買の仕事をしているけれど、不動産には「いい不動産」と「悪い不動産」がある。

簡単にいってしまえば、「いい不動産」とは利益をより多く生み出す可能性のある不動産だ。一方、「悪い不動産」とは、場合によっては損を出す不動産。

当然、「いい不動産」はみんながほしがる。

ところが「いい不動産」の情報というのは、なかなか表には出てこない。ネット上など、誰もが簡単にアクセスできるような場所にはない。情報の持ち手は、信頼できる人だけにこっそり教えることが多いんだ。

つまり、「いい不動産」を手に入れるためには、基本的に信頼される人間でないといけない。他者から、そして社会から好かれていないといけない。

人間性って、しあわせに生きるためにも、そしてお金持ちになるためにもスゴく大事なんだよ。

だから、常に周囲への思いやりを忘れてはいけない。

周囲の人から好かれない人間は、社会からも好かれないからね。

会社の同僚にも、たとえ嫌いな上司にも、会社の掃除をしてくれるスタッフの方にも、ちょっと買い物をするコンビニのスタッフにも、あらゆる人への思いやりを持とう。

年収450万円になるための仕事の見直し4
周囲に思いやりを持つ

思考をケチるな！ 大リーガー大谷選手もやっていた「目標達成シート」とは？

目の前の仕事をがむしゃらにやるといっても、やみくもに突き進むのは効率が悪い。行動を始める前に戦略を立てよう。

戦略を練るときにはじっくり考えることが大事だ。

思考はケチってはいけないんだ。

大リーガーの大谷翔平選手が高校時代に書いた、有名な「目標達成シート」を知っているだろうか。

このシートは、用紙の真ん中に「自分の目標」を書き込む。

そしてそのまわりに、目標達成に必要なものを8つ書き込む。

さらに、「目標達成に必要なもの」を作りあげるために必要なもの・ことを8つ考えて書き込んでいく、というもの。

こうすることで、目標達成のために日々何に気をつけるべきか、何に集中するべきかが明確になるのだ。

大谷選手が真ん中に書いた目標は、「ドラ1　8球団」。これは「ドラフト1位で8球団から指名される」ということであり、「プロの野球選手になる」という意味だ。

この目標達成のために必要なものとして掲げたのが、「体づくり・コントロール・キレ・スピード160㎞／h・変化球・運・人間性・メンタル」の8つ。

さらにこの8つを用意するために必要なことが、それぞれ8つずつ記入されている。

たとえば「コントロール」に対しては、「インステップ改善・体幹強化・軸をぶらさない・不安をなくす・メンタルコントロールをする・体を開かない・下肢の強化・リリースポイントの安定」、「運」に対しては、「あいさつ・ゴミ拾い・部屋そうじ・審判さんへの態度・本を読む・応援される人間になる・プラス思考・道具を大切に扱う」となっていて、具体的な行動にまで落とし込まれている。

漠然と「プロ野球選手になる」という目標を掲げているだけでは、なかなか目標達成は果たせない。

しかしこうやって、目標達成までの道筋を自分なりに考え、具体的な行動にまで落とし込むと、日々やるべきことが明確になる。

やるべきことを日々淡々と進めていくことが、いずれ夢や目標の達成に繋がるんだ。

この戦略を練るというプロセスは、どんな夢・目標でも非常に大事なこと。

もちろん「お金持ちになる」という目標でも同様だ。

年収450万円になるための仕事の見直し5

思考をケチらず、戦略を練る

不甲斐ない自分から脱却するために決めた「やること」と「やらないこと」

じつは僕も、大谷翔平選手が作った「目標達成シート」と似たようなものを20代のときに作ったことがある。

このとき僕は、賃貸物件を仲介する不動産会社で営業部員として働いていた。この頃の僕はまったくいい加減な人間で、真剣に仕事に向き合わず、夜はほぼ毎日友人たちと飲み歩いていた。

当時の彼女である今の妻とは同棲中だった。彼女は献身的に料理をし、家の掃除をし、洗濯をしてアイロンをかけてくれるなどした。そんな彼女をほったらかして、毎晩遊んでいたんだ。

ある日の深夜、アパートの部屋に帰ると彼女が暗い部屋のなかでシクシク泣いていた。理由を聞いてもハッキリ答えず、ただ泣くだけ。

でも僕は彼女がなぜ泣くのかはわかっていた。それは僕があまりに不甲斐《ふがい》なかったから。人としてやるべきことをやらず、遊んでばかりいて、お金もまったく足りなかった。彼女はそんな僕と一緒にいることに情けなくなってしまったのだろう。

でも彼女は僕になんの抗議をするわけでもなく泣き続けた。

そんな彼女を見て、僕はつくづく自分が嫌になった。

そして**「こんな自分からはもう脱却しよう」と腹を決めた。いい加減な生活はもう完全に卒業しようと、「目標達成シート」を作ったのだ。**

ここではそれをどう作っていくかを説明する。

君が「目標達成シート」を作る際の参考にしてほしい。

1 具体的な目標を決める

まずは目標を決める。今の仕事で何を達成したいかを考えるんだ。ポイントはできるだけ具体的な目標にすること。「誰にも負けない」「同期のなかでトップに立つ」などではなく、「売り上げを○倍にする」「マネージャーになる」など、結果が目に見えるような目標にすることが大事。

僕はこの目標を「会社で年間トップセールスになる」と決めた。当時、僕と同じような営業部員は、新人からベテランまで含めて約300人いた。そのトップに立ってやる、と決めたんだ。なぜなら、それが僕にはとてもカッコよく思えたから。

目標を立てるとき、自分がそれをカッコよく思えるかどうかはスゴく大事。周囲の価値観でなく、自分自身が本気でそうなりたいと思っていることが重要だ。

2 状況を整理する

次は、今自分が置かれている状況を整理しよう。それによって、**目標や目標達成のためにに何をなすべきか**がより明確になる。

僕の場合、僕が働いていた支店では7人の営業部員がいた。しかし他の支店を含めると、営業部員は全部で300人。当時、このなかのトップクラスの人は年間で粗利2000万円の売り上げを立てていた。そして全店7位にランクインする人が、僕が在籍する支店の先輩だった。

つまり会社でトップになるには、年間で粗利2000万円以上の売り上げを立てる必要があるということであり、先輩を追い抜くということだった。これによって、僕の目標はより具体的になった。

3　目標達成の期限を決める

目標は期限を決めるのが重要だ。**人は「なんとしてもこのときまでに」という期限設定があるからこそ、120%の力を発揮できる**んだ。期限のない目標は単なる「夢」に終わる場合が多い。

僕の場合は「約1年半でトップセールスになる」と決めた。というのは、この目標を決めたのは9月だったから。僕がいた会社の決算は、4月から翌年の3月までの年度決算。営業部員の成績もこの年度単位で競う。ならば「来年度にトップを取ろう！」

と考えた。新年度が始まる4月の頭まではいわば準備期間。この期間に営業のノウハウを身につければ、新年度にはスタートダッシュがかけられる、と考えたのだ。

ー4ー 目標を達成するために、「やること」と「やらないこと」を具体的に書き出す

目標が明確になったら、次は何をすれば目標を達成できるかを考える。

僕は**やるべきことに集中するために、やらないことも考えた。**僕が考えた「やること」と「やらないこと」は次のような内容だった。

「やること」

① 友人、家族も含めて、関わるすべての人に対して敬語を使う

② 現在売り上げトップの先輩から技を盗む

「やらないこと」

① 学生時代の仲間と飲みに行くこと

② 会社の同僚との付き合い

③ 彼女との休日のデート
④ 仕事を休むこと

人への礼儀作法はどんな仕事でも大切。

しかし当時の僕はそれができていなかった。だからまずは言葉遣いから改めようと、**「すべての人に対して敬語を使う」と決めた。**

売り上げを上げようとするとき、一番大事なのはお客様だ。

けれど、お客様だけに敬語を使っていてもそんな表面的な態度はすぐに見破られてしまう。芯から自分を叩き直すためには、誰に対しても丁寧な言葉遣いをしようと考えたのだ。

また「先輩から技を盗む」は、さらに「どうしたら技を盗めるか」を考えた。

先輩の営業方法を観察するのはもちろんだが、やはり直接教えを乞いたい。だが就業中にその時間はない。直接話せるのは終業後の「飲み」の場くらいだった。

そこで僕は、ほぼ毎日会社に遅くまで残るようにした。

なぜなら、その方が先輩から「飲み」に誘ってもらえる確率が増えるから。
そして実際、遅くまで残業していると、先輩は「この後一緒にどうだ？」と頻繁に誘ってくれた。

年収450万円になるための仕事の見直し6

「目標達成シート」で明確にする

桁外れなダメなやつだった僕がトップセールスになれた働き方

先に書いた「やらないこと」の内容に驚いたかもしれない。
そう、**僕は「会社でトップセールスになる」という目標をなんとしても達成させる**

ために、一切の無駄を省いた。

目標を達成するまでは学生時代の友達とは一切会わない、会社の同僚との付き合いはしない、彼女とは一緒に暮らしていたけれど、平日の夜や休日のデートは一切しないと決めた。

そして最後は「休日を作らない」。

会社が休みの日であっても、自分は仕事をしようと決めたんだ。

物件のチラシ配り、情報収集、物件の下見など、会社が休みの日でもやれる仕事はいくらでもあった。

物件の下見などは、むしろ会社が休みの日の方が都合いい。会社の営業時間内に自分の席を外せば、それだけ契約のチャンスが少なくなってしまうからだ。

「そんな働き方をしなければならないなんて、それはブラックな会社だ」と君は思うかもしれない。

しかし当時の僕は桁外れのダメなやつ。そんなやつが中途半端にやっても会社のトップセールスになんてなれやしない。本気でトップセールスになると決めたのなら、徹底してやらないといけないと考えた。

誰にも負けない努力を続けてこそ、道は開いていくんだと信じて。

でも当時の僕のようないい加減なやつでないとしても、**人は誰しも人生において、プライベートも何もない仕事だけに集中する期間が必要なのではないかと考えている。**

ずっとそんな生活を続けろというわけではない。

若い時期の一定期間、遊びも余暇もかなぐり捨て、仕事だけに没頭する。その時期が自分を育て、それは後々、必ずその後の人生に大きな実りをもたらすと思う。

繰り返すけれど、そんな働き方を一生続けろとは言わない。

ある時期、とくに若い時代の一定の時期だけでいい。

がむしゃらに走り続けた先には、きっとそれまでとは違う景色が見えるはずなんだ。

年収450万円になるための仕事の見直し7

一定期間、がむしゃらに働いてみる

大嫌いだった先輩とあえて一緒の時間を過ごした理由

変わりたい、もっと成長したいと願うとき、それをかなえるためのもっとも簡単な方法は、「この人のようになりたい」と思える目標の人を見つけ、その人の真似《まね》をすることだ。服装、言葉遣い、所作、持ち物、そして仕事のやり方。

真似をできるものはすべてやってみることが大事だ。

目標とする先輩、正確に言えば「抜いてやろう！」と思っている先輩と頻繁に飲みに行くようになり、僕はその先輩から営業についてさまざまなことを教えてもらった。

じつは当初、僕はこの先輩のことが大嫌いだった。性格が合わないと感じていたんだ。

でも身近に真似るべき人はこの先輩しかいない。

だから**個人的な感情はグッと抑えて、先輩と一緒にいる時間をなるべく多くし、先**

輩の話には真剣に耳を傾けた。

そういう態度は相手にも伝わる。先輩はそれから、そして後々ずっと僕を大事に思ってくれるようになった。


ここで、僕が先輩の真似をしながら実践した営業方法をいくつか紹介しよう。

僕がいた会社は、賃貸物件の仲介をする不動産会社だった。簡単にいえば、アパートやマンションなどの部屋を貸したいというオーナーと、部屋を借りたい人を結びつける仕事。部屋を借りたいお客様に、賃貸契約を結んでもらうことが会社の売り上げになる。

基本的には、部屋を探しているお客様が店舗にやって来て、僕ら営業部員はそのお客様がどんな部屋を望んでいるのかの要望を聞く。その要望にあった物件を紹介し、お客様が気にいってくれたら契約成立だ。

真剣に取り組んでみると、この営業過程には多くの工夫のしどころがあった。

たとえば電話の取り方。お客様からかかってくる電話は、それを一番に取った営業部員が、そのお客様に物件案内ができることになっていた。つまり、電話をどれだけ多く取れるかは営業成績に直結する。だから他の業務をやりながらも、常に耳は電話に注意を向けている必要があった。

電話のベルが完全に鳴ってから取るのでは遅い。「チ」とか「トゥ」とか、ほんの一瞬の出だしの音を聞き逃さず受話器を取るのが、誰よりも早く電話に出るコツだった。

物件情報を載せたチラシ配りにも工夫はできた。まずは配る場所。僕は春になると転居が増える学生を狙って、学生寮や、もともと学生が多く住むアパート・マンションを中心に物件チラシを配った。

そしてそのチラシには、黒の太いマッキーペンで「お問い合わせはスエオカまで」と書いた。「末岡」と漢字で書いたのでは、読み方に迷う人もいるかもしれない。だからあえてカタカナで「スエオカ」とした。**たいしたことないと思うかもしれないけれど、仕事では、このような細部への配慮が意外と大事なんだ。**

営業の過程でもっとも重要なのは、お客様が物件を決定する瞬間だ。

お客様に気持ちよく、「ぜひこの部屋に住みたい」と思ってもらえるようにするためには、さまざまな工夫ができた。

たとえばそのひとつは、物件の準備の仕方。

僕はたいていお客様の要望を考慮した紹介物件を3つ用意した。3つのなかのひとつは、お客様の要望に限りなく近く、自分でも自信を持って勧められる物件。残りふたつは、お客様の要望はそこそこかない、悪くはない物件。妥協範囲にある物件だ。

お客様に物件を紹介するときには、最初に「悪くはない物件」をふたつ出した。このふたつの物件にもそれぞれよいところはあるから、そこは強調する。

でもここで、たいていのお客様は「なんかいまいち」と感じる。そこで最後に、イチオシの物件を紹介する。前のふたつの物件との差が際立ち、お客様に「この部屋はいい！」と思ってもらえる確率が高まるからだった。

この流れで契約成立にまで到《いた》った例は数えきれない。

あるいは、3組のお客様との対応を、同時に並行で行うということも僕はやった。お客様との対応の間には、お客様が資料を読み込む時間、物件を検討する時間、書類を記入する時間などがあり、その時間は基本的に僕の体は「空く」。

基本的には「待つ」だけだから、その間に他のお客様の対応ができた。

それぞれのお客様をお待たせしないような工夫をすれば、同時に3組のお客様に対応することは可能だった。


これくらいの密度で仕事をしなければ、トップは狙えないと思ったんだ。


ところで、目標とする先輩のことを「本当にスゴい」と感じたのは物件の情報量だった。先輩の頭のなかにはものスゴい量の物件情報が入っていて、お客様の要望に応じて「これだ！」という物件をどんどん紹介していた。

お客様にしてみれば、いい物件の情報がいくつも目の前に出されるのだから、より質の高い物件選択をできた。もちろん成約率も高まる。

だから僕は、先輩から飲みに誘われるたびに情報収集の技を教えてもらおうと必死になった。先輩の情報収集のやり方には、マニュアル化できるような具体的な方法はなかったけれど、後々わかったのは、情報収集には「人との繋がり」「他者との信頼感」が不可欠ということだ。

真にいい情報というのは、人づてに伝わる。

だから仕事上の大事な人との付き合いは大切にした。


これらは、僕が先輩の真似をしながら工夫したほんの一部だ。

しかしこれらのことを日々淡々とやり続け、1年半後には「トップセールスになる」という目標を達成した。

給料は営業成績に応じて上がることになっていたから、一気に年収700万円くらいになった。「決める　→　目標とする人の真似をする　→　淡々と続ける」ことをやれば目標はかなうのだと実感した瞬間だった。

年収450万円になるための仕事の見直し8
目標とする人の仕事を徹底的に真似る

「ずっと信じ続けるものが勝者となる」~17歳の僕を救った言葉

君の今の年収が450万円以下なら、今はがむしゃらに働くときだと伝えた。がむしゃらにやって、とにかく給料を上げるべきだと。

しかし走り続けるその途中には、きっと困難もあるだろう。何もかもスムーズに行くわけじゃない。どんなにきっちり「目標達成シート」を書き込んでも、そしてどんなにそれを実行しても、なかなか結果が見えない時期もあるだろう。

僕はたまたま1年半で「トップセールスになる」という目標を達成したけれど、人によっては目標達成までに2年も3年もかかる場合もあるはずだ。

「レース」は長くなればなるほどつらくなるだろうし、挫折もしやすくなるだろう。もうダメだとあきらめたくなるときがあるかもしれない。

そんなときのために、**自分のよすがとなる「言葉」を持っているといい。**

自分に常に寄り添ってくれるような「言葉」だ。

僕にとってのそれは、**ナポレオン・ヒルの「ずっと信じ続けるものが勝者となる」**というもの。

この言葉に出会ったのは、少年工科に通っていたとき。

僕はこの学校を2年で中退した。自衛官になるための学校にいながら、自衛官にはなりたくない、普通の大学に進学して民間の企業に勤めたいと思ったからだった。

今思えば、学校を中退して別の学校に入り直すことはそれほど大きな問題ではない。しかし17歳だった当時の僕は、学校をやめて軌道修正をすることは一大事に思えた。

中途半端にやめて北海道に帰っても、その後の人生が保証されているわけではない。悩みに悩み、決断を迷っていたときに、母親から手紙が来た。手紙の内容は家族の近況報告だったり、僕の健康を案じたりするようなたわいもないもの。

しかしその手紙と一緒に、本のページをコピーした紙切れが一枚入っていた。

そこに書かれていたのが、ナポレオン・ヒルの「ずっと信じ続けるものが勝者となる」という言葉だった。

手紙にはそのコピーに関することは何も書かれていなかった。

「しっかり読みなさい」とも「こういう気持ちを忘れてはいけない」なども一切なし。

でも、押しつけがましくないことがかえってよかった。

僕はそのコピーされた本のページを素直にじっくり読めた。それは母親からのエールのようにも思えて、僕はその言葉を体に染み込ませた。

そして、少年工科をやめて一からやり直すことを決断したんだ。以来、僕はことあるごとにこの言葉を思い出している。


「ずっと信じ続けるものが勝者となる」


「トップセールスになる」という目標に向かって走っているときもそう。

自分は必ずトップになるんだと信じて、「信じていれば勝てる」と自分に言い聞かせて走り続けた。その後も幾度となくこの言葉に励まされた。


言葉の力は、君が思っているよりずっとずっと強い。

目標に向かって走り続けるには、マインドを保ち続けることがとても大事なんだ。
そのマインドを保ち続けるために、言葉というのは強力なパワーを発揮してくれる。
だから君も、自分を助けてくれる「言葉」をぜひ見つけてほしい。

年収450万円になるための仕事の見直し9
自分を助ける言葉を見つける

「走りはじめ」はとにかくキツい

目標達成への道のりは、困難ばかりとは限らない。**じつはもっとも苦しいのは、目標達成に向けて走り出してすぐの頃だ。**

これは実際のランニングでも同じなのだそうだ。

走りはじめのときには、運動に使うエネルギーに対して酸素と血液の供給が足りずに苦しくなる。

しかし、しばらく走り続けると酸素と血液の供給が安定してきて、呼吸や心拍も整う。ここまで来ると、体の状態がフッと楽になるらしい。それまでよりも走りやすくなるのだそうだ。

目標達成までの道のりも同様で、最初はとにかく苦しい。

僕も生活を一変させて走り出した直後はつらかった。若かったとはいえ早朝から深夜までの仕事はキツいし、自分のやり方が本当にあっているのかもわからない。結果もすぐには出ない。

しかし、しばらくすると毎月の営業成績が少しずつ伸びていった。自分の成長が目に見えると、俄然《がぜん》楽しくなった。

そして自分よりも売り上げを立てている人たちに注目し、この人たちを抜くには週に何件の契約を結ばなければいけないのか、そのためにはどんな工夫ができるのかなどを考えた。

目標達成の可能性が見えてきて、「先を走る先輩たちを絶対追い抜いてみせる！」という思いが強くなった。ここまで来ると、もはやゲーム感覚。

早朝に出社し、夜中の1時、2時まで働くのは、体力的にはキツかったけれど精神的にはますます楽しくなった。


きっと君の目標達成までの道のりも同じような形になるだろう。

「走りはじめ」はとにかくキツい。

しかしそこをなんとしてでも越えるんだ。

越えた先はきっと「走ること」が楽しくなるはずだよ。


年収450万円になるための仕事の見直し10

最初の「困難」を乗り越えろ。後は楽しくなる

03
年収450万円になるための お金の知識【5ステップ】

お金のチャンスをつかむためには「大好きな人」と結婚をしなさい！

ここからは年収450万円以下の君が、お金そのものとどのように付き合っていくべきかを伝えよう。

どんなにがむしゃらに働いても、その一方でお金を湯水のごとく使ったり、お金に無関心でいたりでは、お金持ちにはなれないからね。

ではお金とどういう心持ちで付き合うべきだろうか。

それは何よりまず「お金がほしい」と強く思うこと。

本気でお金持ちになりたいと願うなら、本気で「お金がほしい」と考えるんだ。自ら求めないものは、いつまでたっても手に入らないんだよ。

ときどき「偶然大金を拾った」というニュースを聞くことがあるだろう？　道端などに落ちていた大金が入ったその袋や鞄《かばん》のそばを、きっと何人もの人が行き来していたはずなんだ。

でもお金に興味がない人は、その袋や鞄が目に入らない。存在に気づかない。

「お金がほしい」ときちんと思っている人は、袋や鞄の存在に気づく。最初から大金が入っているだろうとは思わないだろうけれど、そこに何かを感じるんだ。そして手に取る。それと同じで、「お金がほしい」という思いを持っていると、お金を巡るさまざまなチャンスにも気づきやすくなる。

さて、ではどうしたらより強く「お金がほしい」と思えるだろうか。

その一番の方法は、心から大好きな人と結婚することだ、と僕は考えている。

最近は晩婚化が進み、平均初婚年齢も男性が31・2歳、女性が29・6歳と上がってきている。また生涯未婚率も高くなっている。

原因はいくつかあるだろうけれど、なかでも大きいのは当人たちの「経済的な不安」だろう。給料がなかなか上がらず、非正規雇用が増えているなどするなかで、「そもそも結婚するだけのお金がない」「結婚すると経済的な負担が増す」などと考える若者が増えているのだ。

しかしこの考え方は本当にあっているのだろうか。

もちろん一人で暮らすより、二人で暮らす方がお金はかかる。子どもができれば、お金はさらにかかる。

でも結婚すれば、「お金がほしい」という思いも二人分に増す。

子どもができれば「この子のために」と、さらにその思いは増す。

つまり、結婚をした方がお金の引力は高まるんだ。

そもそも人の力は、自分のためだけに何かをやろうとするには限界があるのではないだろうか。

ダイエットや語学学習など、自分だけのためにしかならない行動は長続きしにくい。たとえば節約と健康のためにも自炊して、栄養のあるものを食べようと思っても、自分一人のためだけなら、毎日続けるのは困難だろう。

でも目の前に家族がいればできる。**自分以外の誰かのためになら、人は力を発揮し続けられる。その力はきっと無限なんだ。**

お金との向き合い方も同じだろう。自分一人だけが暮らしていくためのお金なら、きっとそれほど多くを望まないだろう。

でも結婚して家族ができれば、相手を少しでもしあわせにしたい、子どもに十分な教育を受けさせたい、家がほしいなどと、どんどん欲が増していく。

しかしそれは単なる欲ではない。他者のための欲であり、「お金が増える」チャンスに繋がるものでもあるんだ。

僕も、妻がまだ彼女だったとき、「この人をしあわせにしたい」と本気で思った。

だから仕事も頑張れた。

さらに良かったのは、妻が家計を管理してくれたおかげで、僕は無駄な出費をしないようになった。自分の元にお金がとどまるようになった。

つまり、お金の引力がますます高まる結果となったんだ。

年収450万円になるためのお金の知識1

結婚は自分以外のための「お金の欲」を高める

即答必須！　君の1か月の生活費は最低いくらかかる？

君は今、自分の1か月の生活費が最低いくらかかるかを即答できるだろうか。

家賃、食費、生活用品の費用などを足して、最低これだけあれば健全な生活が送れるという額だ。

また、財布に現金がいくら入っているか、すぐに引き出せる銀行の、普通預金の口座の残高がいくらかを把握しているだろうか。

お金持ちになりたいなら、最低でもこれくらいは即答できないといけない。

なぜなら、お金というのは自分に気を向けてくれている人を好み、そういう人の元に集まってくるからだ。

人も同じだろう？　学校に通っていたとき、自分のことを気にかけてくれた先生には、その思いになんとか応えようとしなかっただろうか。

一方で、自分を無視する、あるいは特別気にもとめてくれない先生には、「こっちだって」という思いでそっぽを向いてしまわなかっただろうか。

お金も同様で、近づいてほしいなら、こちらからお金に気を向けることが大事なんだ。

では、具体的にお金にどう注目したらいいのだろうか。

まずは自分のお金のキャッシュフロー、簡単にいえば「自分のお金の流れ」に着目する。

おそらく今の君にはまだ住宅ローンなどの借金がないだろうから、今の段階では、毎月、自分の元にはいくらお金が入ってきて、いくら出ていくかを正確に把握しよう。

給料が入ってくると家賃や光熱費などが自動的に引き落とされ、後はなんとなく口座から現金を引き出したり、電子マネーにチャージしたりして、気づけばお金がなくなっていて次の給料日を待ち望む……などという状況になっていないだろうか。

これはお金を完全に無視しているも同然だ。

自分のお金でありながら、まったく気持ちのこもっていない付き合い方。

ただ右から左に流しているも同然、といえるだろう。

この状況を脱するためには、まず1か月の最低経費を具体的に把握する。

家賃がいくら、水道光熱費がいくら、通信費がいくらというように、毎月固定して出ていくお金を書き出し、さらに食費や雑費などを毎月おおよそ平均いくらくらい使っているかを直近の3か月で確認しよう。

その合計が、君のとりあえずの1か月の最低経費だ。給料からその額を引けば、おのずと「自由に使える額」がわかる。

通帳の預金残高が、その時点の「自由に使えるお金」でないことがこれでわかっただろう。

年収450万円になるためのお金の知識2

直近3か月のキャッシュフローを確認する

「小金持ち」で終わらないために今から知っておいてほしいこと

お金が増えるという過程を、次のようにイメージしていないだろうか。

一生懸命働く → 給料が増える → 預金が増える

確かにこれもひとつのお金持ちになるパターンだ。**しかし多くの場合、これでは「小金持ち」に終わるか、場合によっては小金持ちにもなれない。**

なぜなら給料が増えるには限界があるから。

業種・職種によっては、たとえ給料が増えても生活するだけで精一杯というケースもある。それではなかなか預金も増えないだろう。

では本当にお金持ちになるにはどうすれば良いのか。それには次のようなステップを踏めばいい。

一生懸命働く　↓　無駄な出費を極力抑え、預金を増やす　↓　預金の一部を投資に回す

「一生懸命働く」というスタートは同じだ。

肝心なのはそれ以降。給料が増えることに期待するのではなく、できるだけ無駄な出費を抑えて預金を増やす。ある程度の預金ができたら、その一部を投資に回してお金を増やしていくんだ。

これはまず目の前の仕事を真剣にやった後になるが、**どんなに頑張って働いても年収４５０万円に届かない仕事なら、ジョブチェンジ、つまり転職も視野に入れるべきではある。**

それは生活するのにギリギリのお金しか手に入らないようだと、「預金　↓　預金の一部を投資に回す」という段階になかなか進めないためなんだ。

つまりお金持ちになるには、いかに投資をうまく行っていくかが肝心。

そして投資を始めるには、元になるお金（＝種となるお金）が必要。

だから今の段階では、できるだけ無駄な出費を抑え、預金を増やす（＝投資の種となるお金を増やす）ことに力を入れよう。

年収450万円になるためのお金の知識3

お金持ちのステップは「一生懸命働く ↓ 無駄な出費を極力抑え、預金を増やす ↓ 預金の一部を投資に回す」

そのお金は「死に金」？「生き金」？

そうはいっても、出費を抑えるためにやみくもに節約すればいい、というわけではない。

お金の使い方は、大きく「浪費」「消費」「投資」の3つに分かれるんだ。

浪費とは、お金を使った後に何も残らないもの。

たとえば憂さ晴らしのためだけの飲み代や遊興費などだ。見栄を張るためだけの、身の丈にあっていない装飾品などの購入もこれに当てはまるだろう。

僕はこの「浪費」を別名「死に金」とも呼んでいる。

消費は衣食住など、生活をしていくために必要なお金だ。

投資は、自分になんらかのリターンがあるお金の使い方。

前にお金を稼ぐ手段のひとつとして、「投資とは、今後価値が上がりそうな株や土地などにお金を出すこと」だと説明したよね。

もちろん、株も土地も必ず価値が上がるとは限らない。だからこれらの投資はある意味、慎重に見極めて行う必要があるけれど、うまくいけばリターンを得られる。このようにリターンの可能性のある使い方が投資だ。

投資のリターンはお金ばかりとは限らない。

たとえば勉強をするために本を買う、セミナーに参加することなども投資といえる。

そこで得た知識や経験が自分のためになっているのなら、それも立派なリターンだ。

その知識や経験がいずれ君にお金をもたらす場合もあるだろう。

この投資を僕は別名「生き金」と呼んでいるんだ。

さて、出費を抑えるべきなのは、基本的にこのうちの浪費部分だ。

なんでもかんでも節約しようとするのではなく、浪費部分を削る努力をする。

そこでまずは、自分のお金の使い方に気を向けてみよう。

そしてその使い方が「浪費」「消費」「投資」のどこに分類されるかを確認する。

「お金がない」「お金が足りない」と嘆いている人の多くは、入ってくるお金を「浪費3：消費7：投資0」の割合で使ってしまっているはずだよ。

「お金持ち」になるには、最終的には「浪費1：消費6：投資3」をめざしたい。

これはお金持ちになるための黄金比ともいえるんだ。

ただし今の君の段階では、この黄金比を維持するのは厳しいはずだから、今の君は「浪費」をできる限り減らす努力をする。

そして捻出されたお金は預金に回すようにするんだ。

年収450万円になるためのお金の知識4

「浪費1：消費6：投資3」のために浪費を減らす！

質素に生活してお金持ちになるための基礎づくりに励む

要は「節約をして預金をしなさい」ということなのだけれど、これを聞いて君はひょっとしてガッカリしたかもしれないね。

なんだ、案外地味なやり方じゃないかと……。

世の中には「こうすればお金が増える」「こうすれば儲《もう》かる！」といった派手な情報が溢れているからね。それに比べたら「節約して預金を増やす」というのは、地味だし当たり前すぎるやり方だと思うかもしれない。

しかし本当のお金持ちになるためには、とても大事なことなんだ。**無駄遣いをせず、預金を増やすというのはお金持ちになるための土台づくりといえるんだ。**

どんなに大きく立派な家だって、基礎が頑丈でなければ長持ちはしない。一瞬で崩れてしまう場合もあるだろう。

お金持ちも同じなんだ。

たとえ大金が手に入っても、「質素に堅実に暮らす　↓　預金を増やす　↓　その一部を投資に回す」というお金持ちとしての基礎ができていない人はあっという間にそのお金を失ってしまう。

宝くじで当選して大金を手にした人が、その後に悲惨な末路をたどるというのはよく聞く話だろう？　あれはお金持ちとしての基礎ができていないからなんだ。

お金持ちになる準備期間、練習期間がないままにいきなり大金を手にしてしまったがゆえなんだ。


だから今はどんなに地味だと思っても、節約してお金を貯めるということに一生懸命になってほしい。

浪費を減らす努力、また工夫して消費部分を減らすことは、ケチになることとは違う。**お金持ちになるためのセンスづくり**なんだよ。

コツコツとした努力を続けることが、お金持ちの道に繋がるんだ。

年収450万円になるためのお金の知識5

お金持ちになるための基礎づくりとして浪費を減らす

年収450万円になるためのマインドセット【5ステップ】

1 「自分はお金持ちになるんだ」と決める
2 希望や願望では足りない。強く強く求める
3 時間の使い方を変え、有益な情報を集めよう
4 自分のネガティブな感情から目を逸らさずエネルギーに変える
5 うまくいかない相手とは物理的な距離を取ろう

年収450万円になるための仕事の見直し【10ステップ】

1 お金は「①労働、②起業、③投資」で得られると知る
2 目の前の仕事をやり切り、自分の軸を作る
3 結果が明らかにならない努力をしなさい
4 周囲に思いやりを持つ
5 思考をケチらず、戦略を練る

6　「目標達成シート」で明確にする

7　一定期間、がむしゃらに働いてみる

8　目標とする人の仕事を徹底的に真似る

9　自分を助ける言葉を見つける

10　最初の「困難」を乗り越えろ。後は楽しくなる

年収450万円になるためのお金の知識【5ステップ】

1　結婚は自分以外のための「お金の欲」を高める

2　直近3か月のキャッシュフローを確認する

3　お金持ちのステップは「一生懸命働く　↓　無駄な出費を極力抑え、預金を増やす　↓　預金の一部を投資に回す」

4　「浪費1：消費6：投資3」のために浪費を減らす！

5　お金持ちになるための基礎づくりとして浪費を減らす

第2章

年収2000万円代をめざす君が今すぐやるべきこと

01 年収2000万円になるための マインドセット【5ステップ】

なぜ、いきなり年収2000万円をめざすのか？

ここまで、「今はとにかくがむしゃらに働くべきだ！」と伝えてきた。その一方で、お金に気を向け、日々の生活を質素にするべきだと。

この状態をキープできれば確実に預金額は増えていくはずだ。

そう遠くないうちに、気づくと100万円、200万円、300万円と預金額が増えていくだろう。仮に預金額が10万円もない時代があったとしたら、預金が100万円、200万円になると違う景色が見えてくる。

気持ちにも少しずつ余裕が出てくるだろう。

しかし、まだまだ道半ばだ。気をゆるめてはいけない。**少しずつでも確実に預金額が増えるようになったら、次は年収2000万円をめざしたい。**

2000万円という数字に驚くかもしれないね。

まずは1000万円をめざすべきなのでは？　と思うかもしれない。

年収1000万円は、確かに多くの人が目標とする額だ。日本で年収1000万円以上を稼いでいる人は全体の約5％といわれているから、多くの人はまずそこをめざすのだろう。

だが年収1000万円では、実際はそれほど豊かな暮らしはできないんだよ。

年収が1000万円になったとしても、一般的にはそこから社会保険料と住民税が約180万円、所得税約100万円が差し引かれる。

つまり実際の手取りは約720万円。1か月にすると約60万円だ。

もちろん住んでいる地域や家族の人数によっても変わってくるけれど、**とくに都心部で暮らしている人にとって1か月約60万円という金額は、特別に豊かに暮らせる額ではないんだ。**

年収2000万円になると、実際の年の手取りは約1300万円になる。1か月の手取りは約100万円だ。

仮に家族4人で都心部に暮らしているとしても、これくらいの収入があれば預金にも十分な額を回せるし、旅行などのレジャー費用も惜しみなく使うことができるだろう。

よって**次のステップは年収2000万円をめざそう。**

では、どうすれば年収2000万円にたどり着けるのか。

ここからはそれを話していこう。

年収2000万円になるためのマインドセット1

豊かに暮らすには年収2000万円

平均年収を超えてからの原動力は「予算のついた夢」

世の中には、「お金が集まる人」と「お金が集まらない人」がいる。

いつも潤沢にお金が流れ込んでくる人と、お金がさっぱり入ってこなくて干上がっている人。両者の違いはなんだろうか。

それは「お金の引力」を持っているか、持っていないかだと僕は思っている。

お金の引力を持っている人は、文字通り自分にお金を引き寄せる。

そしてお金の引力は、誰でも高めることができるんだよ。

お金の引力の大きな元となるのが「夢」。

年収450万円を目標にしている段階なら、「現状を打破したい」「こんなチマチマした生活はもううんざりだ！」などという思いで突き進める。「やっていられるか！」という負のエネルギーを、お金を増やすエネルギーに変換できる。

しかし年収2000万円をめざす段階になると、それだけではエネルギーが足りなくなる。年収600万円〜1000万円に到達し、そこそこの生活ができるようになると、そこで満足してしまう人は少なくないからだ。

さらに上をめざすなら、「もっとお金が必要」という明確な理由がないとむずかしい。

このとき大きな力となってくれるのが夢なんだ。

「なんとしてもこの夢をかなえたい」という思いは、誰にとっても大きなエネルギーになるからね。

といっても、単に夢を持っているだけでは、お金の引力にはなりにくい。

なんの夢もないよりはマシだけれど、漠然と「もっと広い家に住みたい」「年に2回は家族で海外旅行に行きたい」などと思っているだけでは、お金を引き寄せることはできない。


大事なのは「夢に予算をつける」こと。

夢を実現させるには、いったいいくらくらいのお金が必要なのか。

その金額を具体的に弾き出すんだ。


ちなみにこの原則は、年収2000万円をめざす段階に限ったことではない。

年収5000万円、年収1億円と、さらに上をめざす場合も同じなんだよ。

夢というのは、それだけお金の引力の元となる。


たとえば僕の夢のひとつはワイナリーのオーナーになること。

今から約10年前、自分の会社を作り経済的な余裕が出てきた頃から、僕はワインを好んで飲むようになった。ワインには手頃なものから高級なものまでいくつもの種類があるが、だんだん高級ワインが好きになっていった。

飲む前の香り、飲んだときの口あたり、喉越し、飲み終わった後の余韻が安価なワインとは比べものにならないからだ。

そして数年前、行きつけのバーのマスターに誘われて海外ワイナリーツアーに出掛けた。場所はアメリカ・カリフォルニア州にあるナパ・ヴァレーとソノマ・ヴァレー。

ぶどう畑は、縦横に整然とぶどうの木が並び、豊かな緑色をたたえてどこまでも続いていた。ワイナリーの施設はどこも立派で清潔感があり素晴らしかった。

僕がそこで何よりも衝撃を受けたのが、ワイナリーオーナーの楽しそうな姿だ。たくさんの友達や顧客に囲まれ、優雅に、ずっと笑顔で対応していた。

このとき「彼のようになりたい！」と強く強く思ってしまったんだ。豊かな自然のなかで美味《おい》しいワインを作り、仲間やお客様に提供する……。なんて素敵な人生なんだ！　以来、「ワイナリーのオーナーになること」が僕の夢になった。

帰国後、ワイナリーのオーナーになる夢の予算を立てた。

ぶどう畑を作るための土地代、開墾費用、建物の建設費、ワイナリーの作り方を学ぶ費用、ワイナリーの市場調査費用など、準備だけでもその費用は膨大になった。完成後の維持費がいくらくらいかかるかも調べた。

予算を組みはじめると、夢を実現するためにやるべきことが具体的に見えてくる。

たとえば、そもそも日本では個人が農地を取得するにはいくつかの要件を満たさなければならないことがわかり、その準備を整える必要があった。

ワインのぶどうづくりの知識はどこでどのように学べるのかを調べる必要もある。そして本気で調査をし、専門家に話を聞いたり、国内のワイナリーを見学したりするうちに、予算額がよりリアルなものになっていった。

頭のなかの妄想が現実味を帯びるようになり、「これは本気でお金を用意しよう」と考えるようになったのだ。

その後、1年間かけて僕は北海道から長野県に度々通い、ワイナリーづくりとワイン用のぶどうづくりを学んだ。これまでに、12ヘクタールの農地も取得した。これは1万2000平米で、東京ドーム約3個分だ。現在は、そこに食用とワイン用のぶどう畑、いちご畑、栗の木がある。これらを楽しみつつ、ワイナリーのオーナーになるという夢実現に向けて走り続けている途中だ。

このように夢に予算をつけると、「この夢の実現のためになんとしてもお金を貯《た》めよう！」「もっと仕事をやろう！」などと頑張れる。

そしてまた、夢が現実味を帯びる。夢が夢で終わらなくなるんだ。

その夢が大きければ大きいほど、お金の引力も大きくなる。まずは夢を書き出してみよう。そしてその夢の実現のための予算を立ててみよう。


年収2000万円になるためのマインドセット2

夢を描こう、そして夢に予算をつけよう

恥ずかしいからこそ、やる意味がある

夢の予算を立てたら、次はその夢を周囲にどんどん話していこう。

友人や家族、仕事先の人などに手当たり次第に公言していくんだ。

その夢は約3年~5年先には実現したいと思っているものがいいだろう。10年先など、あまりに先の夢はふんわりしたものになりがちだからだ。

夢を大っぴらに人に語るなんて恥ずかしい、と思うかもしれないね。

でもだからこそやるんだ。恥ずかしいからこそ、やる意味がある。

なぜなら、言ってしまえば後に引けなくなる。夢の実現に向かって邁進《まいしん》せざるを得なくなるからだ。公言することで「退路を断つ」というわけだ。

だから公言するときには、できるだけ具体的に言った方がいい。

「お金持ちになる」「人気のセミナー講師になる」などというように抽象的な表現ではなく、「年収2000万円を達成する」「瞬時に1000人の集客ができる講師になる」などというようにだ。聞いた人が、後に夢がかなったのかどうかがハッキリわかるように語るんだ。

ここは思い切りビッグマウスになろう。ビッグマウスになればなるほど、後戻りはできなくなる。

ちなみに僕の現在の夢は、歌手としてドームライブを行うこと。

もちろんこの夢は、多くの人に言って回っている。

以前、この夢を母親に語ったことがある。

「6年後に、僕はドームでライブをやるよ」と。

母親の反応はシビアだった。「そんなの無理でしょ。歌手ではないし、歌が下手だし、愛がない」と。それは母親の素直な気持ちだったのだろうけれど、僕は少し傷ついた。

でも落ち込んでいる場合ではない。


他者に夢を語ると、その反応は3つに分かれる。

① 夢をものスゴく応援してくれる人
② (他人の夢なんて) どうでもいいと思う人
③ 夢をぶち壊そうとする人 (＝ドリームキラー)

僕が思うに、その割合は夢を応援してくれる人と、夢をぶち壊そうとする人がそれぞれ全体の2割、どうでもいいと思う人が6割だ。

母親の反応には傷ついたけれど、すぐに気持ちを立て直した。

そして今も夢の実現のための具体的な行動を起こしている。

君も夢を公言すると、必ずドリームキラーに遭遇するだろう。でもそこは「一定数はいるものだ」とあきらめて、彼らの言葉は受け流そう。

一方で、夢を公言すると、心から応援してくれる人も現れる。そういう人は夢の実現のための助言をくれたり、「こうした方がいい」という知恵をくれたりする。夢を実現するための協力者となってくれるのだ。

恥ずかしさを押して夢を公言する強い思いがあるからこそ、協力者も現れるんだ。

年収2000万円になるためのマインドセット3

恥ずかしいからこそ夢を公言しよう

お金の引力の副作用に注意！

年収450万円をめざしている段階では、目の前の仕事にとにかくがむしゃらに取り組むべきだと話したよね。でもその結果が出だし、収入が徐々に増えてきたら、一旦立ち止まって冷静になることも必要なんだ。

なぜならお金の引力は副作用を伴うから。

お金の引力が高まるのは、それだけ意識をお金にフォーカスしているからなのだけれど、その分、お金以外の部分には意識が行き届かなくなってしまう。

それが副作用を引き起こすんだ。

僕がトップセールスとなったときもそうだった。

いつも頭にあったのは、営業成績がどれくらい上がったか、いくら稼げたか、ということばかり。

会社の同僚に対しても「あいつは今、何件の契約を取っているか」「あいつだけには負けたくない」などと考えて、営業成績という尺度でしか相手を見られなくなった。とにかく自分の営業成績を上げること（＝収入を上げること）に必死で、本当に大事なことをないがしろにするようになってしまった。

毎日帰宅は夜中の1時、2時。翌朝は8時には家を出て、会社や営業先に向かった。休日もほぼなし。つまり、当時はまだ彼女だった、今の妻と過ごす時間がほぼなくなってしまったんだ。

収入は確実に増えていったけれど、いったい自分はなんのために収入を増やしているのかと考えた。自分らしさとは何か、自分らしく生きるとはなんだろう、と。

今もそうだけれど、**僕が一番大事にしているのは家族であり、家族と共に過ごす時間だ。**その時間が奪われてしまう働き方をして、それで自分らしく生きているといえるだろうか。とてもそうは思えないと考えた。

ここから収入と家族との時間というバランスを考えるようになった。

資本主義の世界で生きていれば、「お金持ちになりたい」とは誰もが思うだろう。でも**意識をお金だけにフォーカスし続けると、心のバランスが崩れ、早々に行き詰まってしまう。**

世の中で「お金持ち」と呼ばれる人のなかには、とにかくお金を増やすことだけに必死になっている人もいる。

お金を多く持っていればいるほど人間の価値が高まる、と考えている人もいる。そういう人を僕は本当のお金持ちとは思っていないけれど、僕はそんな人たちと接するとどこか虚《むな》しくなる。人としての魅力も感じないんだ。

よって収入が増えはじめたら、一旦立ち止まり、自分らしさとは何か、自分にとってお金以外の大事なものとは何かをしっかり考えた方がいい。

自分にとって大事なものというのは、自分にエネルギーをくれるものでもあるんだ。だからそこをしっかり持っていないと、お金を稼ぎ続けるエネルギーも枯れてしまう。逆にしっかり持っていれば、さらなる飛躍、つまりお金の引力が高まることが期待できるんだ。

年収2000万円になるためのマインドセット4

一旦立ち止まりお金以外の部分に目を向ける

本当のお金持ちになり切れていない人は「家族」を大事にしていない

「お金の引力は副作用を伴う」と話したけれど、その副作用は往々にして家族関係に現れる。

人は、自分一人ではお金を稼ぎ続けることはできない。

他者の存在や協力があるからこそ稼ぎ続けられる。

自分の元にお金が入ってくるということは、その分どこかで誰かの世話になってい

るということ。

本当のお金持ちはよく「常に感謝する」「常にありがとうと言う」などとよく言うけれど、それはたぶん、このことを誰よりも実感しているからなのだと思う。

ところが「本当のお金持ち」になり切れていない人は、他者への感謝を忘れがちだ。なかでも家族への感謝を忘れてしまう。結果、家族の心がバラバラになってしまうケースはじつに多いんだ。

家族関係がうまくいかなくなると、お互いが心身に支障をきたす。それだけでも相当にキツい状態だけれど、順調に増えていた収入も減ってしまう可能性がある。

だからお金が増えていく段階では、とくに家族に心を配ろう。

家族に限らない。パートナーでも、友人でも、大事な関係と思っている人たちをいつも以上に思いやらないといけない。

たとえば僕は、家族との時間をなるべく潰さないように心掛けている。

今、僕は妻と6人の子どもとの8人家族だ。

年初に年間スケジュールを組むときには、まず家族の誕生日を考える。**8人の誕生日をスケジュール帳に書き込むことからスタートする。この日は重要な仕事は絶対に入れない。**またゴールデンウィーク、夏休み、冬休みには家族旅行の計画を入れる。これもマスト。

たとえばゴールデンウィークの予定なら、年明け早々に家族と相談して行き先を決めて旅行代金を支払ってしまう。こうすることで、家族との予定が優先される。

また、このような家族との予定がある日には、どんなに重要な仕事が入ってきても基本的にはその日にはやらないようにしている。**家族との予定は動かさず、仕事の方のスケジュールを変更するようにしているのだ。**

家族との予定をキャンセルするということは、家族それぞれの時間を奪うことだと考えているから。家族だからといって、彼らの時間を自分の都合で勝手に動かしてはならないのだ。

一方で、家族との予定が入っていない日に、大事な人と会えるようなチャンスがあったときには、基本どこまでも飛んでいく。先日も知り合いから「今夜、○○さんと会うことになったのだけれど、スエちゃん（僕のこと）もぜひ来ないか？」と誘われた。○○さんは著名なスポーツ選手。誰もが気軽に会える人物ではない。場所は福岡だった。でも僕は「行きます！」と即答し、すぐに飛行機のチケットを手配して北海道から福岡に向かった。

こう言うと、知り合いとの約束に即答し、わざわざ北海道から福岡まで飛んでいくことの方が大変なように思うかもしれない。**でも実際には、身近な家族に思いやりを持ち続ける方がきっとずっと大変だ。**

思いやりを持ち続けるための基本は、家族に感謝をすることだと思う。

料理を作ってくれたり、洗濯をしてくれたりする家族がいるなら、まずはそれらの行為に感謝しよう。子育てを頑張ってくれているなら、そのことにも感謝だ。

そして何より存在に感謝しよう。

家族はいてくれるだけで、どれだけの力になっているかわからない。

年収2000万円になるためのマインドセット5

家族や大事な人との予定を最優先にする！

02

年収2000万円になるための
仕事の見直し【5ステップ】

仕事は「70点思考」！
年収2000万円をめざす段階の君へ

年収２０００万円をめざす段階になったら、仕事は「70点思考」で取り組みたい。

年収４５０万円をめざす段階では、とにかく目の前の仕事にがむしゃらに取り組むべきだと話したよね。

しかしそこを超え、次の段階に進んだら働き方を変えるべき。

それまで仕事に120%のエネルギーを注いでいたとしたら、これからは70%くらいに落としてちょうどいいんだ。

それが逆に仕事を成功させ、またお金の引力も高める。

これは僕のメンターの一人である折口雅博氏に教えてもらったこと。

折口氏は、外資系大型ディスコ、ジュリアナ東京の仕掛け人、また総合人材サービスのグッドウィル・グループの創業者として知られ、その後最高級レストラン「MEGU」を世界展開、現在は起業家インキュベーターとして活躍されている。グッドウィル・グループでの従業員10万人をはじめ、これまでの20年間で約20万人の従業員を雇ってきた。

その経験でわかったのは、**一人ひとりの従業員に対して「70点取れれば最高!」と考えること**なのだそうだ。

どんなに好きな仕事でも、どんなに楽しい仕事でも、**その量がキャパシティを超え**

れば、人は誰でも心がすさみはじめる。「仕事をやらされている感」が出てきてしまう。

その人が最高の力を発揮するには、仕事の量と心のバランスが非常に大事で、そのためには上に立つ者が「70点取れればよし」と考えることが必要なのだという。

たとえば部下に企画書の作成を頼む。部下から上がってきた企画書の内容が70点なら「合格！」とするのだ。あるいは最初から、部下に「70点をめざしてやってほしい」と告げてしまってもいい。

とくに上に立つ者は、相手につい120%の力を求めがちだ。

またそれに真面目《まじめ》に応えようとする人は、「100%！」「いや120%！」と自分を追い込んでしまう。しかしそれでは結局、いい結果は生まれないのだそうだ。

確かに100メートル走のスピードでは長距離を走り続けられない。それと同じで気を張り続けたままでは仕事は長続きしない。

「働き者」として喩《たと》えられるアリも、集団のうちの一定数は怠け者なのだそうだ。

しかしその一定の怠け者は、不意に天敵が現れたときなど危機のときには力を発揮する。

常にすべてのアリが100%、120%の力を出し切っていたら、集団のピンチを

救えない。この意味でも常に余力があるというのは大事なのだろう。

折口氏から「社員は70点取れれば合格とする」という話を聞いてから、僕も自分の会社のスタッフたちに「70点でいいよ」と言うようにした。

仕事時間も営業成績も、頑張り具合も、自分で70点ぐらいは取れているなと思ったら、それでOKなのだと。

すると仕事に対して自分なりの工夫をしたり、新しいアイデアを提案してくれたりするスタッフが増えだした。気持ちの余裕が生まれて、職場の雰囲気も柔らかくなった。

仕事は70点思考——。

これは個人でもぜひ取り組むべきだろう。ストレスから解放され、家族との時間も確保できて、仕事の量と心のバランスがちょうどよくなる。

結果パフォーマンスが上がれば、それは収入アップにも繋《つな》がる。つまり「70点思考」で仕事をすることは、お金の引力を高めることにも繋がるんだ。

年収2000万円になるための仕事の見直し1

仕事は70点思考！

周囲への気遣いができる人が「名のある人」になる

「仕事をする上では人脈が大事」とは、よく聞くと思う。

確かにその通りだ。**仕事もお金も運も、基本的にすべては人が運んでくれる。**

これを聞いて新たな人脈開拓にせっせと励む人も多い。たとえば異業種交流会などに参加して名刺交換をしまくる人だ。

だがここはハッキリと言っておくよ。異業種交流会は、基本的に仕事を求めている人たちの集まりだ。そこへ行くのは、草原に群れるハイエナ集団の元に飛び込むようなもの。そこで素晴らしい人脈を手に入れたという話を僕は聞いたことがない。

僕の知り合いの編集者も、かつては異業種交流会に足繁く通ったそうだが、結局なんの収穫もなく時間と体力の無駄だったと嘆いていた。

仕事、お金、運と同じように、人との縁も人が繋いでくれる場合が多いのだ。

つまり人脈がほしいなら、今縁のある人を分け隔てなく大切にすることが大事。

この人は自分に利益をもたらしてくれそうだ、この人は何ももたらしてくれなさそうだなどと考えず、**一人ひとりに気を配り大事にする。**

そのためには常に対人能力を伸ばす努力をしよう。

人と上手に付き合うためには、コミュニケーション力は欠かせない。またどんな仕事でも、コミュニケーション力があって損をすることはない。

では、具体的にはどうやって縁のある人を大切にしたらいいのか。

僕がやっていることのひとつは思い出づくりだ。

縁のある人たちが、できるだけ良い思い出を残せるような努力をしている。

たとえば、数年前に僕は自分のいちご畑に知り合いを招待した。シーズンになると、畑には真っ赤ないちごが実る。0・5ヘクタールくらいの広さがあるから、家族だけではとても食べきれない量だ。

そこで知り合いに声をかけ、畑に来てもらい、いちご狩りを楽しんでもらった。「どうぞご家族もお友達も一緒に、誰でも自由に来てください」と言ったら総勢で400人くらいになった。

もちろんお金を取るわけではないから儲《もう》けにはならない。でも400人のそれぞれに思い出を作ってあげることができた。**ものやお金はすぐに消えてしまうけれど、思い出は400人の心のなかに何年も残る。**形あるものとは違う「いいもの」をあげることができたと思うのだ。

400人の誰かの心に残ったこの思い出が、いつかまた誰かとの縁を結んでくれるかもしれない。

それは僕ではなく、僕の子どもたちと誰かを結ぶかもしれない。確証はないけれど、そんなことを考えるだけで僕の心はどこか温かくなる。

ところでこの400人のなかには、今は亡き俳優の千葉真一さんもいらっしゃった。千葉さんとはご縁があり、生前に何回かお会いしている。このときのいちご狩りだけでなく、バーベキューパーティなどもご一緒した。

お会いするたびに感じたのは、千葉真一さんの周囲への気遣いだ。特別扱いされることを拒んで、「どうか他の人たちと同じように対応してほしい」という思いが伝わってきた。いちごもバーベキューも、まずはどんどん人に勧めて自分は後で遠慮しながら食べるというふうだった。

徹底した周囲への気遣いぶりに「名のある人なのに」と思ったけれど、逆にそういう人こそが「名のある人」になれるのだろう。人との付き合い方のひとつを、僕は千葉さんから教わった気がする。

年収2000万円になるための仕事の見直し2

真の人脈のために今縁のある人を分け隔てなく大切にする

「さて、次はどうする?」と思ったときはヴァージョンアップの時機

年収450万円達成までは、目の前の仕事にがむしゃらに取り組むべきだ、と前に話したよね。それを実際にやり、ひとまずは年収450万円を達成し、さらに今の仕事でやれることをやり切って、場合によっては年収がもっと上がったとしたら、きっと君はこう思うはずだ。

「さて、次はどうする?」

こうなったら、**再び「目標達成シート」（前章でも伝えたあの大谷選手も書いていたものだ）に向き合おう。**

「目標達成シート」は一度書いたら終わりではない。

常にヴァージョンアップが必要なんだ。

そして「さて、次はどうする？」と思ったときは、ヴァージョンアップの時機。

僕も29歳のときに、その時機がやってきた。

賃貸不動産を扱う会社でトップセールスとなり、年収は約700万円になった。しかしそこで働き続ける気持ちは失せていた。

なぜならトップセールスとなっても、年収は1000万円に届かない。しかもトップセールスであり続けるには、休日なしで早朝から深夜まで働き続けなければならなかった。そんな生活を続ける体力も気力もなかった。

また、この頃結婚をして長男が誕生した。子どもは可愛く、妻と子どもと3人で過ごす時間は何にも替えがたいしあわせなものだった。

この時間を優先したくて、僕は会社を辞めてしまった。

この時期、僕は自分らしい働き方、自分に合った働き方がわからなくて揺れていた。転職を何度か繰り返し、豆腐作りや家庭教師のアルバイトをしたこともある。公務員試験合格をめざして専門学校にも通った。

でもどれもうまくいかず、結局「不動産業界、ノルマはなし、土・日は休める、月額給与は30万円程、賞与は年に2回、売り上げ単価の高い仕事」という条件で仕事を探した。

給与などは僕にとっては妥協できるギリギリの内容だったけれど、これならなんとか仕事をやりながらも家族との時間も持てると思ったのだ。そしてこの条件に合う会社に転職した。ところが入社早々、福岡支店への転勤を命じられてしまった。その少し前に分譲マンションを購入し、そこでの生活がすでに始まっていたこともあって、僕は福岡で単身赴任することになった。

「家族との時間を持ちたい」と思って転職したのに、いきなり単身赴任とは「やれやれ」と思ったものだ。仕事は一応やっていたものの、当時の僕の一番の願いだった「家族との時間」を持つ方法はわからずにいた。

そんなときに出会ったのが、ロバート・キヨサキの『金持ち父さん 貧乏父さん』（筑摩書房）という本だ。ロバート・キヨサキは、ハワイ州の日系アメリカ人の四世に生まれた投資家、実業家であり、ベストセラー作家。

この『金持ち父さん 貧乏父さん』には、誰もが知っておくべきファイナンシャル・リテラシーが書かれていて、読みはじめたらページをめくる手が止まらなくなった。

僕がとくに衝撃を受けたのは、**「金持ちは起業家と投資家である」**といううくだり、そして「セールスは経営者の基礎である」という部分だった。

そして気づいたのだ。「そうか！　家族との十分な時間を持つためには起業すればいいんだ！」と。そして再び「目標達成シート」に向き合った。

年収2000万円になるための仕事の見直し3
「目標達成シート」は何度も書き換える

「目標達成シート」にも予算をつけよう

『金持ち父さん 貧乏父さん』を読み、「家族と十分な時間を持つ」という願いをかなえるためには「起業しかない！」と腹を括《くく》った。

「夢には予算をつけるべきだ」ということはすでに話したけれど、この場合も同じだ。僕は自分の願いを本当にかなえるためには、いったいいくら必要かを考えた。

その金額は「年収2000万円以上」と「預金が2000万円」だった。

僕の「家族と十分な時間を持つ」という願いには、さらにいくつかの条件がついていた。それは、自分と家族が十分な豊かさとしあわせを感じられること。僕は嫌なやつとの仕事や嫌なルールのもとでの仕事はしないこと。

この条件を満たした上で「家族と十分な時間」を持つには、「年収2000万円」「預金が2000万円」がどうしても必要だった。この状況を作るには起業するしかない。

そして「目標達成シート」を前に考えはじめた。

最終的に達成したい目標は「家族と十分な時間を持つこと」。

そのために必要なのは「起業」だ。

次に「起業」に必要なものは何かを考えた。

それは「資金」と「能力」と「人脈」だ。

「資金」は2000万円はいるだろう。資金に余裕があれば、差し迫った選択をしないで済む。嫌な選択も避けられると思った。

「能力」は、セールスの力を一層高めようと考えた。ロバート・キヨサキが「セールスは経営者の基礎だ」と著書で述べていたからだ。

「人脈」については、身近に起業している人がいなかったため、ここはとにかく本やネットで情報を調べようと考えた。


次に考えたのが、この「資金」「能力」「人脈」の準備を3つ同時に行うにはどうしたら良いかだ。

今の会社で働いていたのでは「資金2000万円」は絶対に貯まらない。もっと効率よく稼げる転職先を探しはじめると、最初の会社で世話になった先輩から「○○社なら、営業で年収2000万円を稼いでいる社員がいる」という情報が入ってきた。それは北海道にあるアパート建設の営業職だった。投資用の不動産を投資家に販売する事業だ。投資に適する土地を買い、そこにアパートを建て、投資家に売るというもの。

『金持ち父さん 貧乏父さん』でロバート・キヨサキは「金持ちは起業家と投資家である」と書いているが、その投資とは不動産投資がメインだった。

そうなんだ。先輩が教えてくれたこの会社なら、起業のための資金の準備もでき、セールスの力を高め、さらに不動産投資の勉強もできる。僕にとっては理想の仕事先だった。

そして僕は福岡で勤めていた会社をすぐに退職し、先輩に教えてもらった会社に転職した。「起業する」という目標が見えたら、「ノルマはなし、土・日は休める、月額給与は30万円程、賞与は年に2回」などというチマチマした条件はどうでもよくなった。

目標が明確になると人は頑張れる。

その意味でも、常に「目標達成シート」をヴァージョンアップさせることは大切だろう。

転職して1年後、またもや僕はトップセールスとなり、年収は1800万円になった。アパート経営も始めて預金も2000万円を超えた。

そして32歳のときに、不動産投資コンサルタントの会社を起業した。

数年で起業を果たせたのは「目標達成シート」を書き換え、それぞれの過程で必要な予算を立てたことが大きいと思う。

年収2000万円になるための仕事の見直し4

「目標達成シート」を使って予算を立てる

本の世界には無数の成功者がいる

賃貸物件を仲介する会社でトップセールスになった後、僕は家族と一緒にいる時間を優先したくて仕事を辞めたことは話したよね。そして自分に合った働き方がわからず揺れていたと。

後先考えずに僕は仕事を辞めてしまったけれど、これは君には勧めない。

僕はこのとき貯金を切り崩して生活していた。収入がないと、預金残高が減っていくスピードは凄《すさ》まじい。「いつ底をつくか」という恐怖に怯《おび》えて暮らしている感じだ。悪い意味でいつもお金のことばかり考える。まったく健全じゃないんだ。

今の仕事をやり切って、「さて、次はどうしよう?」と考えるときが君にも来るだろう。そんなときは僕を反面教師にして、会社をすぐに辞めてはいけない。ひとまず働き続けながら考えるんだ。

ただし、このときただ漠然と考えているだけでは、人生のコマは進まない。

次の目標となる人物がいないかを探してみよう。

僕がこれまでやってきたのは、基本的に「成功者の真似《まね》」ばかりだ。

自分で成功術を見つけ出すのは時間がかかって効率が悪い。そもそも自分で成功術を見つけられるとは限らない。

それより自分が目標とする人の真似を、真剣にやった方が手っ取り早い。

そのために目標となる人を探す。

身近にいなければ、どんどん本にあたろう。

本の世界には無数の成功者がいる。僕がロバート・キヨサキに学んだように、本で目標となる人を探すんだ。

そして目標となる人物に近づくためには、目の前の仕事に真剣に向き合い続けることも大事だ。僕が転職したように、君も次のステップアップのために職を変えるときが来るだろう。

新たな仕事を始めたら、それは真面目に取り組む。年収450万円をめざしていた段階のような、ひたすらがむしゃらにやる働き方とは違った働き方になるだろう。

でもお金持ちになる過程では、どの段階においても目の前の仕事に真剣に取り組むという原則は変わらない。

僕は転職先の会社で土地の仕入れ担当となった。といっても業務の範囲は広く、土地を仕入れた後、そこにどのようなアパートを建てるかを具体的に決めなければならなかった。

だから土地についてだけでなく、アパートに関する勉強もたくさんやった。

家賃の適正な設定方法、長期的な入居が見込めるアパートの条件、人気と維持費を考慮した建物デザインなど、学ぶべきことは山のようにあり、それを一つひとつ勉強していった。

また、ここでも優秀な先輩の真似をした。

そしてここでの頑張りは、後のアパート経営や起業の際に非常に役立った。

常に、目標を見据えて目の前の仕事に真剣に取り組む――。

それがいつかどこかで必ず君のためになるんだ。それを実感するのは、きっとずっと先のことだろう。でも真面目に取り組んで損をすることは絶対にないんだよ。

年収2000万円になるための仕事の見直し5
成功者が身近にいなければ本を読む

03

年収2000万円になるための
お金の知識
【16ステップ】

給料だけでお金持ちになるのはむずかしい

年収450万円以上になり、次は年収2000万円をめざすとき、君に覚えておいてほしいのは、会社員として働き、その給料だけでそれを達成させるのはなかなかむずかしいということ。

国税庁の調査によれば、年収2000万円以上の人は全体の0・6%に過ぎない。

会社員なら、総合商社や外資系企業などで働いている人のごくわずかだろう。あるいは僕がやっていたような不動産や金融商品の、営業の成績優秀者。またファンドマネージャーやディーラーなど、ごく一部の職種の人に限られる。


そして忘れてはいけないのは、会社員というのは結局自分の時間を売っているということ。


どこの会社もたいていは就業時間や休日が決まっている。

昼休みの1時間でさえ、12時から13時までなどと、きっちり決められている。

会社から支払われる給料は、自分の自由な時間と引き換えに得たものなんだ。


1日は24時間。つまりどんなに必死に働いても限界はある。

ちなみに同じく国税庁の調査によると、年収が2500万円超の人は全体の0・3%。

この数字を見ると、**会社員としての給料の限界は年収2500万円くらいといえそうだ。**

さらに忘れてはいけないのは、会社員が売るのは自分の時間だけではないということ。会社員は会社のルール、風土を守り、人間関係の軋轢《あつれき》を乗り越え、売り上げを伸ばすための努力やプレッシャーなどを強いられる。
得られた給料は、自分の体力や気力も売った結果なのだ。

年収2000万円になるためのお金の知識1

給料は自分の自由な時間と引き換えに得たもの

会社員でいながらお金持ちになる方法は……ある！

では、会社員でありながら年収2000万円を得るのはほぼ無理なのかというと、そんなことはない。会社員のままでも、給料だけに頼らなければ年収2000万円以上になる方法はある。

そのひとつは「資産」を持つことだ。

ここでいう資産とは、自分が働き続けなくても収益をもたらす可能性のあるビジネス、株、債券、投資信託、土地や建物、音楽・美術・書籍等の著作権などのこと。

たとえばビジネスなら、わかりやすい例でいうと自動販売機。最近は飲み物だけでなく餃子やピザなどの自動販売機も見かけるようになった。

あれは自動販売機を設置して売る仕組みと管理の方法を整えてしまえば、自分が「売る」という働きをしなくても済む。自分が会社で働いている間も、家で寝ている間も、機械がせっせと働いて稼いでくれるわけだ。

YouTube動画も同じだ。作って公開してしまえば、後は基本的に何もしなくても、登録者数や再生回数に応じて広告収入が得られる。

といってもYouTubeの月収目安は、10万回再生されて1万円~3万円といわれている。自動販売機も得られる利益は、月で数千円から数万円。自動販売機も

ＹｏｕＴｕｂｅもそれだけで本格的に稼ぐのはそう簡単ではない。当然のことだけれど、年収２０００万円クラスをめざすなら、ビジネスの内容は吟味しなければならない。

投資信託を含む株や債券は世界の情勢や景気状況、また企業の業績などによって価値が変わる。

これらを保有したり、売買したりすることで利益を得られる可能性がある。

土地や建物は売買で利益を得る方法もあるけれど、マンションやアパートなどを保有し、貸し出せば家賃収入を得られる。

このような資産を持てば、会社員をしながらでも年収２０００万円を狙える確率は高まる。

逆にいえば、会社員でいながら年収２０００万円をめざすなら、確実な収入を見込める不動産ビジネスなどのサイドビジネス、株や債券の投資が欠かせないということ。

僕は家族との十分な時間を持つためには起業するしかないと考えた。

そしてその起業には、余裕資金の2000万円が必要だと思った。

もちろんそんなに多額なお金がなくても会社は作ることができる。しかし何事も余裕は大事だ。お金が足りないかもしれない、あるいはお金が足りなくなるかもしれないという切羽詰まった状況では、目の前のことしか見えなくなり、さまざまな判断を誤ってしまう。

しかし当時の僕は会社員だ。投資用の不動産営業という特殊性からかなりの年収を見込めたが、それでも給料だけでは起業のための準備金は足りなかった。

そこで僕はアパート経営を始めた。会社の仕事で学んだアパートに関するあれこれが、ここでも役に立った。その結果、2000万円の預金ができたのだ。

年収2000万円になるためのお金の知識2

資産を持てば会社員でいながら収入が見込める

日本で資産1億円以上のお金持ちはどういう職種か？

前に、どんなに一生懸命働いても年収450万円にならないような仕事なら転職も視野に入れるべき、と話したよね。

でも仕事の価値は年収だけでは決められない。どうしてもその仕事が好きで続けたいなら、仕事をやりながら別の方法で並行して稼ぐ方法がある。その方法が、ここで話してきた資産を持つことなんだ。

たとえば僕の知人は、以前は大型量販店の営業として働いていた。

どんなに頑張って成績を伸ばしても、年収はそれほど上がらなかった。そこで思い切って不動産投資を始めた。

7年後には、アパート10棟、戸建て2棟、マンション103室、テナント3件を所有し、年収は約1800万円に達した。

彼は今、本来やりたかった農家の仕事を続けながら、不動産が生む利益を得ている。農家の仕事だけでこの年収を得るのはむずかしいだろう。だが、不動産ビジネスと並行することで、本来やりたかった仕事をしつつ年収1800万円を得られているのだ。

このように資産を持てば、たとえ年収の低い仕事だとしても、それを続けながら別の収入を得られるんだ。ただし所有している資産が利益を生むように管理するには、それなりの資金と時間、そして体力と気力が必要だ。

勤務時間が午前9時から午後5時までなどと決まっている職場では、一日働けば、体力も気力もそれなりにヘトヘトになるだろう。資産を管理するエネルギーはどれくらい残るだろうか。

ちなみに、知人の彼が資産を所有・管理するために借入した総額は約6億円。「借金」の考え方を学んだことのない君にとっては、きっと驚きの額だろうね。

不動産ビジネスの世界では特別に大きな額ではないけれど、それでも約6億円を管理するためには相応の時間と労力、集中力が必要になる。

これを会社員としての仕事と並行してどこまでできるかと考えると、会社員にはそれほど時間やエネルギーが余るとは思えない。つまり、お金持ちになろうとするとき、やはり会社員という立場は非常に不利なんだ。

そして実際、**日本で資産1億円以上のお金持ちは、芸能人やスポーツ選手などの特殊な技能を持つ人が全体の2割、企業経営者が4割、不動産所有者が4割なのだそうだ。**

だから君が本当にお金持ちをめざすなら、僕は起業を勧めたい。

僕は32歳のときに起業したけれど、起業はもっと早い時期、若ければ若いときほどいいと思っている。高校生起業家も全国で少しずつ増えている。僕は全国の大学で無料講演会をしているので、興味がある人は聞いてほしい。

年収2000万円になるためのお金の知識3

お金持ちをめざすなら起業がいい

家計をPL（損益計算書）、BS（貸借対照表）、CF（キャッシュフロー計算書）で見る

君はPL（損益計算書）、BS（貸借対照表）、CF（キャッシュフロー計算書）という言葉を聞いたことがあるだろうか。

これらは一般的には企業の会計に使われるのだけれど、この段階にきたらぜひ覚えておきたい言葉だ。

PL（損益計算書）とは、その年度にどれくらいの収入があり、どれくらいの支出があったかを洗い出すもの。

これを見ると、企業がいくらの儲け（利益）を得たか、あるいはいくらの損をしたのかがわかる。要は企業の経営成績を表すものなんだ。

ＢＳ（貸借対照表）は、年度末の企業の財政状況を表す。

簡単にいうと、企業の資産と借金を洗い出して年度末の時点で資産が多いのか、それとも借金の方が多いのかを明確にするもの。

ＣＦ（キャッシュフロー計算書）とはお金の流れのこと。

たとえばメーカーなら、商品が売れるとお金が企業に入ってくる。

そのお金が社員の給料になったり、会社の設備に使われたりする。

また新たな商品を作るためにもお金は使われて、その商品が売れると再び企業にお金が入ってくる。このようにお金はぐるぐる回る。このお金の流れがキャッシュフローだ。

これらを見ると、だいたい企業の経営状態（＝健康状態）がわかる。

将来、もし君が起業をして経営者になったら、常に気にしていなければならない数字だ。

このＰＬ、ＢＳ、ＣＦは、個人や家計の状態を見るときにも欠かせない。

たとえばPL（損益計算書）は1年間の収入と支出を見るものだけれど、家計で見ると給料などの収入がいくらくらいあったか、また家賃や水道光熱費、食費などでいくら支出があったかを洗い出すことになる。

収入の総額から支出の総額を引けば、その年が赤字だったか黒字だったかがわかるんだ。

BS（貸借対照表）なら、資産と負債を洗い出す。

ここでいう資産とは、現金、預貯金、株などの現金化することができるもの。

資産はさらに、1年以内に現金化が可能な「流動資産」と1年以内には必ずしも現金化できないかもしれない「固定資産」とに分類する。

負債とは、要は借金のことだ。

負債は1年未満の短期の借入と1年以上の長期の借入に分類する。

家計で見ると、次のようなものに分類できるだろう。

《資産》

流動資産……現金、預貯金、投資信託、株式など
固定資産……土地、建物、車など

《負債》
短期借入……クレジットカードローンなど
長期借入……住宅ローン、自動車ローン、奨学金の返済など

これらを洗い出して、資産の総額から負債の総額を引けば、純粋にいくらの資産を保有しているかがわかるんだ。

年収2000万円になるためのお金の知識4

自分の家計をPL、BS、CFで見る

年収2000万円あっても お金持ちとは呼べない場合がある

たとえば君の知り合いが、「僕は年収2000万円だよ」と言ったとしよう。するとき君は、「あ、この人はずいぶんお金持ちだな」と思うかもしれない。

しかしこの人が本当にお金持ちか、またはどれくらいお金持ちなのかは、その人のPL、BS、CFを確認してみないとわからない。

たとえばその人のBS（貸借対照表）を見てみると、現金、預貯金などの資産をほとんど持っておらず、借金の額は資産を上回っていたとしよう。それはお金持ちとはいえない。

PL（損益計算書）を見てみると、現金の収入は1700万円くらいあるのに、住宅費やレジャー費などで多額の出費をしていて、その額が収入以上だったとしたら、それもお金持ちとはいえない。

またCF（キャッシュフロー計算書）では、毎月100万円以上の給料が入ってきているのに、生活費を使うと毎月の借金返済額分が残らず、きちんと返済できていないようなら、それもお金持ちじゃない。

どんなに年収が高くても、資産と負債、収入と支出のバランスが悪く、お金の流れが滞っていたら、それはお金持ちとは呼べないんだ。

逆に「僕は今、1億円の負債を抱えているんだ」と言う人がいたとしよう。

君は「え！　1億円もの借金。ずいぶんお金に苦労しているんだろうな」と思うかもしれない。

でもその人がもしアパートやマンションを持っていて、その家賃収入があるなどして、**資産と負債、収入と支出のバランスが取れ、キャッシュフローがスムーズに流れているとしたら、それはお金に苦労しているとはいえない。**

つまり、PL（損益計算書）、BS（貸借対照表）、CF（キャッシュフロー計算書）をわかっていると、年収や借金といった表面の金額に惑わされなくなり、本当の経済状況が読めるようになる。

年収2000万円をめざす段階になったら、単にお金に気を向けるだけでなく、さらに突っ込んで、PL、BS、CFにも意識を向けるべきなんだよ。

年収2000万円になるためのお金の知識5

資産と負債、収入と支出のバランス、キャッシュフローの状態が重要

そろそろ年収から資産にフォーカスを変えよう

ここまで、最初は「年収450万円をめざす段階」、次に「年収2000万円をめ

ざす段階」と、めざす年収ごとに、持つべきマインド、仕事のやり方、お金の知識について語ってきた。

しかし本当は、そろそろ「年収」を基準に話すのはやめたいんだ。

というのは、いつまでも年収にフォーカスしていたのでは、本当のお金持ちにはなれないから。

前にも話したロバート・キヨサキの著書『金持ち父さん　貧乏父さん』のなかで、とくに印象に残っている部分がある。

それは、**「貧乏な人は消費に、中流の人は年収に、金持ちは資産にフォーカスする」**といった内容だった。

自分のそれまでを振り返ってみても、本当にその通りだと妙に納得してしまった。

収入が十分ない時代には、「あれがほしい、これがほしい」といつも買うことばかり考えていた。しかも少しでも安く手に入る方法はないか、得する方法はないかなどと考えて、これも結局消費に意識が向いていた。

年収が上がりはじめると、もっと年収を上げられないかと考えた。「次は年収

700万円」「次は年収1000万円」「次は年収2000万円」というようにね。

どんな仕事をすればいいのか、どんな会社に入ればいいのか、どんな働き方をすればいいのかなどと考えていたけれど、それはすべて年収アップの方法を考えていたといえるわけなんだ。


そしてお金持ちになった今、僕が常にフォーカスしているのは資産だ。

繰り返すけれど、資産とは自分が働き続けなくても収益をもたらす可能性のあるビジネス、株、債券、投資信託、土地や建物、音楽・美術・書籍等の著作権のことだ。収入はあったとしても、それは使ってしまえば終わりだ。当たり前だけれど、使ってしまったらなくなる。しかし**資産は利益を生み出し続ける。**

こんこんと水が湧き出る泉のごとく、お金を生み出す。使ったら終わってしまう収入とは違い、資産は積み上がっていくものなのだ。だからお金持ちは資産にフォーカスする。


さて、大事なのはここからだ。

お金持ちは、お金持ちになったから資産にフォーカスするようになったわけではない。**お金持ちになる前から、日常的に資産にフォーカスしていたからこそお金持ちになれたんだ。**

実際に資産を手に入れるためには、最初はある程度まとまったお金が必要だ。しかし資産にフォーカスするだけなら、誰でもすぐに始められる。元手は一切かからない。

だから君も、今日からでも資産にフォーカスするべきなんだ。

資産性の高いもの、情報、人、書籍、環境にフォーカスする。

それは確実にお金の引力を高めるはずだよ。

年収2000万円になるためのお金の知識6

これからは資産にフォーカスする

「経費への意識」がお金の引力を高める

会社員として会社に雇われているときには、経費を意識することはほとんどないだろうね。せいぜい出張費や会食費など仕事で使ったお金の精算をして、「期日までに経理担当者に領収書を渡さなければ」などと考える程度だろう。

そして経費の精算をし忘れると、損をするのは経費として使った分だけだ。

だがこの範囲だけで経費を捉えていては、お金の引力は働かない。

そもそも経費とは事業を行うために使った費用のこと。

たとえば君が起業して、マンションの一室を借りてそこをオフィスとして使ったとしよう。この賃貸料は事業に必要な費用だから経費となる。仕事に使う机や椅子、パソコンを買えばそれも経費になるし、日々使う文房具なども同様だ。

ところで、事業を行い利益が出たら、その一部は税金として納めなければならない。大雑把にいうと、売り上げから経費を差し引いたものが利益だ。

利益が少なくなれば、その分納める税金も少なくなる。

じつはこの仕組みをフルに利用することが、お金の引力を高めることに繋がる。

まずは「経費を使う」という意識が、まったくないお金の使い方のパターンを見てみよう。

たとえば君が会社員として月収100万円を得ながら、アパート経営で毎月50万円の収入を得ているとするよ。

100万円の給料は、税金が引かれると約70万円になる。50万円の家賃収入は、税金が引かれると約37万5000円になる。

君の手元に入るのは、合計で107万5000円だ。

さて、君は会社からもらった月給のうち40万円を生活費として使ったとしよう。すると残りは【67万5000円】になる。

「まあまあ手元に残るじゃないか」と思うかもしれないけれど、これは経費をまったく意識していない悪いパターンのお金の使い方だ。

次に「経費を使う」という意識があるお金の使い方のパターンを見てみよう。**経費を意識すると、必然的に「会社を作る」という発想になる。なぜなら経費として認められる範囲が会社の方が断然広いからだ。**

だからここで想定するのは、収入は会社員として月収100万円を得ながら、アパート経営で毎月50万円を得ているという点は先ほどと同じでも、君が会社を持っているというパターン。ちなみに会社員でありながらプライベートカンパニーという会社を持つことができるんだ。

この場合も、100万円の給料は税金が引かれると約70万円になる。50万円の家賃収入は、税金が引かれると約37万5000円になる。

君の手元に入るのは、合計で107万5000円だ。

しかし会社を持っている君にとって、家賃収入は会社の売り上げになる。

すると、生活費40万円のうち「経費」として認められるものは、会社で経費として使える。

ここでは仮に30万円を経費として使ったとしよう。売り上げ50万円から経費30万円を引くと残りは20万円。会社が払うべき税金はこの20万円に対してかかり、払うべき税金は約5万円だ。すると手元には15万円が残る。

税金が引かれた給料は70万円から経費にならない生活費10万円を引いて、残りは60万円。合計で【75万円】が残るのだ。

つまり、同じ107万5000円というお金が手元に入ってきても、経費を意識しなかった場合と経費を意識した場合とでは、同じ金額を使ったとしても、手元に残るお金が次のように変わるんだ。

経費を意識しなかった場合の手元に残るお金……約67万5000円
経費を意識した場合の手元に残るお金……約75万円

ただし、実際には会社を持つと法人税なども関係してくるためこのような単純な計算とはならない。もう少し複雑な計算をするから差額は縮まるだろう。

しかし経費を意識したお金の使い方をした場合、そうでない場合と比べて手元に残るお金が増えることが多く、かつお金を有意義に使える場合が多いのだ。

そして**この経費と税金への意識を高めることは、お金持ちになればなるほど重要になる。**

たとえば君の会社の売り上げが1年に1億円あるとしよう。この1億円全部を収入とすると、所得税が約3890万円、住民税が約974万円、合計約4864万円の税金がかかり、手取りは5136万円となってしまう。

一方で、1億円のうち自分の収入は2000万円として、残りの8000万円は経費として使うと考えるとどうなるだろうか。

年収2000万円の人の所得税は約524万円、住民税は約159万円で、合計683万円の税金がかかる。残りは1317万円だ。

手元に残る金額は、前者は5136万円で後者は1317万円。ここだけに注目すると、一見前者の方が得なように見えるが、「使える額」に注目すると結果は違ってくる。使える金額は最大で、前者は5136万円だが、後者は9317万円だ。

つまり、**経費として使える範囲のものは目一杯使って節税をする、さらに経費として使うもののなかには資産性がより高いものを含めていく。**

このようにした方が、未来に繋がるお金の使い方ができるのだ。

気づいたかもしれないけれど、この点でも、いつまでも年収にこだわっていてはいけない。目先の年収にとらわれていたのでは、その背後に広がる大事な部分を見逃してしまうし、次に繋がるようなお金の使い方ができなくなるのだ。

年収2000万円になるためのお金の知識7

投資性があり、資産性の高い「経費を使う」という意識を持つ

「いい借金」と「悪い借金」がある。
では住宅ローンは？

君は「借金」にどのようなイメージがあるだろうか。

きっと君は「借金は怖い」「借金をするのはよくない」と考えているかもしれない。

しかし実際は、借金は悪いとは限らない。

借金には「悪い借金」と「いい借金」とがあるんだ。

お金がない、お金が貯まらないと嘆く人は、たいてい悪い借金を繰り返している。

たとえばクレジットカードの利用限度額を自分が使えるお金の額と勘違いして、カードを使って浪費する。

一方、お金持ちは基本的に悪い借金をせず、いい借金をどんどんしていく。

悪い借金とは、簡単にいうと何かを手に入れるお金を得るためにお金を借りること。

多くの人がやっている住宅ローンや自動車ローンは、典型的な悪い借金だ。

たとえば君が100％の住宅ローンを組んで、5000万円の新築マンションを手に入れたとしよう。アパート暮らしをやめて新築マンションに住みはじめたら、なんとなくリッチな気分になるかもしれない。

しかし実際は、5000万円の負債を抱えているに過ぎない。負債がなくなるのは、返済を重ねていき、やがてそのマンションの実勢価格が借金の残りの額を超えたときだ。たとえばマンションの実勢価格が3000万円で、ローンの残高も3000万円ならようやく負債はなくなる。もしマンションの実勢価格が3000万円で、ローンの支払いが後2000万円だったら、およそ1000万円は純資産となる。

つまりたいていの住宅ローンは、開始から十数年の間はずっと負債を抱えていることになるのだ。

一方、いい借金とは、稼いでくれるお金を得るためにお金を借りること。

たとえば同じく5000万円の借金をして不動産を購入したとしても、その不動産がローンの返済額以上の収益を生み出せば、それはいい借金となる。

たとえ借金をしたとしても、そのお金が働いてくれて結果的に利益を出してくれるなら、それは悪い借金とはならないのだ。

つまり、借金に対する今の君の感覚は半分正しくて、半分は正しくない。

確かに悪い借金もある。しかしすべての借金が悪いわけではなく、なかにはお金の引力を高める強力なツールとなるものもあるのだ。

年収2000万円になるためのお金の知識8

いい借金とは、稼いでくれるお金を得るためにお金を借りること

十分な現金があるなら、お金を借りなさい

もう少し借金の話をしよう。

君は、借金はお金が足りない人がするものだと思っているかもしれない。

確かに世の中の借金をする人の多くは、ほしいものを手に入れるための十分なお金がなくて借りる。

しかしお金持ちは違う。**本当のお金持ちは、十分なお金を持っているからこそ借金をするんだ。**

じつは、つい最近僕は借金をした。なぜなら新築住宅を建てたからだ。

以前は土地１００坪に建物が65坪の中古住宅を買い、そこに約10年間住んだ。この間に子どもが増えて６人になった。子どもたちは成長してからだが大きくなり、もの

も増え、家が手狭になった。そこで家を新しく建てることにしたんだ。最初はリーズナブルな住宅で十分だと思っていた。しかし住宅展示場に足を運んだら考えがガラリと変わってしまった。良質なフローリング、カッコよくて使いやすいキッチン、開放感のある吹き抜け、ゆったりしたウォークインクローゼット……。新しい家への夢がどんどん大きくなり、予算もどんどん増えていった。

だから借金をしたんだ。

こう言うと、驚かれることがある。

「え？　どうして末岡さんが借金をするんですか？」

「だって末岡さんは借金などしなくても、お金はもう十分にあるでしょう？」

確かにその通りで、お金は十分にある。でもだからこそ借金をするのだ。

なぜならそれは、**お金に働いてもらえる条件が揃《そろ》っている**ということだから。

僕が借りるのは、新築の家を建てるためのお金ではない。**新築の家を建てるための「お金を生み出してくれるお金」**なんだ。

たとえば僕はお金を借りて、そのお金でアパートを1棟購入する。そしてアパートの部屋を人に貸して家賃収入を得る。**その家賃収入を家の建築費用に充てるんだ。**

8000万円を35年のローンで借りると、現在の金利なら毎月の返済額は約20万円になる。一方、アパートの家賃収入が返済額を上回れば、その分は利益になる。この利益分をマイホーム費用の一部に使うのだ。

では仮に、僕が現金をほとんど持っていない状態で同じことをしたらどうなるか。

それはあまりに危ない。もし天災などでアパートを失ってしまったら、残るのは8000万円の借金だけだからだ。

しかしすでに十分なお金を持っていれば、万一このような事態になっても対応できる。手持ちの8000万円を失うことにはなるが、返済に四苦八苦するようなマイナスの借金にはならない。

さらにもっとお金があったとしたらどうだろう?

普通はその分、アパート購入用の借金の額を減らそうと考えるかもしれない。

でも僕ならそうしない。なぜなら手持ちの現金が多い方が、さらに多くのお金を生んでくれるからだ。

たとえば1000万円の借金をして月々5万円の返済が必要になったとしても、一方で手持ちの1000万円を投資して月々5万円以上の利益を出す自信があるからだ。

仮に月々7万円の利益があったら2万円の儲けになる。

もし借金をせずに、手持ちの1000万円をただ使ってしまっていたなら月々「2万円」の儲けは得られない。

「お金があるからこそ借金をする」のは、こういうわけなんだ。

年収2000万円になるためのお金の知識9

お金があるからこそ借金をする

訳ありの競売物件で大家業をスタート

ここでは僕が初めて大家業を始めたときのことを話そうと思う。

僕が大家業を始めたのは、年収が後少しで2000万円になる頃で、預貯金もまだそれほど多くはないときだった。

そこで僕が注目したのが競売物件だった。

競売物件とは、所有者が住宅ローンを返済できなくなった不動産を、債権者（お金を貸している者）が裁判所に申し立て強制的に売りに出されるもの。

住宅ローンを組む場合には、お金を貸す側と借りる側の間で、「もし貸したお金を返せなくなったら、その代わりにこの不動産（土地や建物）をもらいますよ」という約束がされるのが一般的なんだ。ローンの返済がされなくなった場合、債権者はその土地や建物を売って現金化する。

どのような競売物件があるかは、インターネットや裁判所の掲示板で公開されていて誰でも見られるようになっている。

競売物件は最低売り出し価格が決まっていて、購買者は「入札」方式で決定する。購買希望者がいくらで買うかを提示し、より高い値段をつけた人が買えるという仕組みだ。

入札に参加するには、最低売り出し価格の20%を保証金として支払うことになっている。購買者になれなければ保証金は返金されるが、もし購買者となってからキャンセルする場合には保証金は戻ってこない。

僕が初めて競売物件を探しはじめた当時は、まだインターネットが普及しておらず、情報を集めるにはわざわざ裁判所に行かなければならなかった。

仕事が休みの日を利用して、足繁く裁判所に通ったものだ。

お買い得な競売物件情報を手に入れるために朝一番に裁判所に行き、同じように考える人たちの列に並んだ。

最初に手に入れた競売物件は、地元（札幌市北区）近くにあるアパート1棟だった。それはいわゆる事故物件で、そのアパート内で何か事件があったらしい。住人の一人は搬送先で亡くなったそうだ。

資料の写真を見ると、ある部屋の床の一部は黒く焦げていて、ベッドなどの家具もそのまま残されていた。見ず知らずの人だけれど、ひとつの人生の末路を目の当たりにしてキツかった。


その物件を購入するのもキツかったが、当時の僕は30歳。若さゆえの度胸もあって勇気を振り絞って購入を決めた。

なぜならそのアパートは、大学が目の前にあり、綺麗《きれい》にリフォームすれば必ず満室になる好立地にあったからだ。

そしてアパートを購入。アパート内に残ったものは業者に依頼して片付けてもらい、神主さんに頼んで祈禱《きとう》していただいた。リフォームをして綺麗に整えて貸し出すと、たちまち借り手が決まって満室になった。

不動産投資には二種類の利益があるんだ。

ひとつは毎月の家賃収入から得られる「インカムゲイン」。

もうひとつは、不動産を買ったときと売ったときの差額で利益を得る「キャピタルゲイン」だ。

結局、僕はこのアパートを約1年間所有して、**年間約700万円のインカムゲインを得て、最終的には売りに出して約3000万円のキャピタルゲインを得た。**

これによって僕の預貯金は一気に増えたんだ。

前にも話した、農業をやりながら大家業で収入を得ている僕の知人の場合は、まずは二世帯住宅を購入するところから始まった。

彼は銀行で住宅ローンを組んで二世帯住宅を購入し、一世帯部分を人に貸し出した。そこで年間約80万円の家賃収入を得て確定申告をし、数年すると事業者として認められた。

事業者、要は会社という形になると資金の借入もしやすくなる。

次は日本政策金融公庫で融資を受け、新たに古いアパートを購入。僕と同じようにそこをリフォームして、人に貸し出した。その後も物件を購入しては貸し出し、現在彼は年間約1800万円の利益を得ている。

年収2000万円になるためのお金の知識10

不動産投資にはインカムゲインとキャピタルゲインがある

今後、値上がりする不動産・値下がりする不動産

ではここで、たとえば君が不動産投資をやりたくなったとしよう。

僕が勧めるのは、人口5万人くらいの地方の物件だ。個人や初心者なら、自分の生

まれ故郷や、パートナーがいる場合ならパートナーの地元など、ある程度馴染みのある土地がいいだろう。

東京に住んでいるなら千葉、埼玉、群馬、茨城、山梨などというように、都心部に住んでいる場合は比較的行き来しやすい土地がいい。

そのなかでもできれば町の中心部で、駅、役所、スーパーなどが近くにある物件を探す。おすすめなのは中古のアパート。町の中心部なら、地方でも十分に需要はある。

現在、日本では社会インフラ整備の効率化をはかるために、公共交通沿線に居住機能や都市機能を集めたコンパクトシティをめざす政策が進められている。

これはつまり、**コンパクトシティ圏外にある不動産は、今後どんどん価値が下がるということ。**所有しているだけでマイナスになる可能性だってある。だから物件は町の中心部で探すのが重要なんだ。

おおよその場所が決まったら、インターネットや不動産会社を使い情報を集めよう。良さそうと思った物件があったら、実際に見に行ってみる。

同時にその不動産の「登記簿謄本」を取り寄せて、内容を確認する。登記簿謄本には不動産の所有者、土地の面積や建物の床面積、権利関係などが記されていて、その不動産の素性がわかるんだ。

その土地や建物の所有者がどのように変わり、所有者がローンを組んでいる場合にはその内容もわかる。**外からは見えない、不動産の「内側」が見えるんだ。**

このようにして「これだ！」と思える物件が見つかったら、次は資金の準備に移ればいい。個人で借りるか会社で借りるかなどで違いは出てくるが、いずれにしても融資先を見つけるのはそれほど大変なことではない。

どうだろう？　このような例を知ると、不動産投資というのはけっしてお金持ちの人だけがやることではないとわかるだろう？　不動産投資をできるかできないかは、お金の有無よりも「やる気」の有無が大きくものをいうんだ。

ただし不動産投資に関しては怪しい情報が氾濫しているのも事実だ。

たとえば**「新築の区分マンションをフルローンで購入できます」という情報をよく見るけれど、これはまず儲からないと考えた方がいい。**どんなにいい立地でもだ。駅近くの、タワーマンションの最上階など特別な希少価値がある場合は別だが、一般的な物件であったら儲けを期待してはいけない。

つまり**不動産投資で成功するには、情報収集力、情報分析力が欠かせないんだ。**

また、不動産投資を始めるのは、まずは今の仕事をがむしゃらにやり年収450万円を達成し、さらにその上をめざす段階でなければ勧められない。

「自分はこの仕事を誰よりもやった」「この仕事なら誰にも負けない」といった自分の軸がないまま不動産投資を始めるのは、ギャンブルに逃げるのと大差ないからだ。

年収2000万円になるためのお金の知識11

不動産投資で成功するには、情報収集力、情報分析力が欠かせない

お金の美しい使い方をする①
世の中に綺麗に流れる使い方

お金があまりない時期、預貯金も少ない時期というのは、お金をいかに増やすか、いかに貯めるかということばかり考えがちだ。それはある意味仕方ない。

しかし年収が増え、お金がある程度貯まってきたら、次は「いかに使うか」ということも考えるべきだ。

お金は一か所に貯めているだけでは意味がないし、お金は綺麗に出してこそ綺麗に入ってくる。

僕はいつも「お金の美しい使い方をしよう」と心掛けている。

お金の美しい使い方のひとつは、世の中に綺麗に流れるように使うこと。

たとえば僕が投資用のマンションを買うために銀行からお金を借りたとしよう。

すると銀行には金利という儲けが入る。僕がマンションをリフォームし、人に貸し出すようになればリフォーム業者や管理会社にもお金が入る。そして僕に家賃収入が入れば、僕は新たな投資ができる（＝再び誰かの元にお金が入る）。

このようにお金がうまく世の中を流れると、関わる人たちが豊かになれるんだ。

自分はこの循環のなかに身を置いているのだと、自覚することが大事だろう。

そう考えると、同じお金を使うとしても、その使い方が変わってくる。

僕の場合なら投資の姿勢が変わる。**自分だけが儲かればいいという考えから、いかに周囲の人を豊かな循環に巻き込むかという考えになるんだ。**

たとえば投資用マンションを買っても、「自分さえ儲かればいい」と思っていたら、いかに安く買い、いかに安くリフォームをし、そして貸すときにはいかに高くし、いかに高く売り抜けるかだけを考えるだろう。

でもこれで儲かっても、そのお金は全然美しくない。

マンションなら実際に住む人のことを考え、いずれ手渡す人のことも考えて丁寧に手をかける（＝綺麗にお金を使う）。そうすることで愛されるマンションとなり、結局はより多くの収入をもたらしてくれるのだ。

年収2000万円になるためのお金の知識12
関わる人たちが豊かになれるお金の使い方をする

お金の美しい使い方をする②
無駄のないスマートな使い方

もうひとつのお金の美しい使い方とは、無駄のない使い方をすること。

ここでいう無駄のない使い方とは、単に無駄遣いをしないという意味じゃないんだ。

前に経費の話をしたけれど、**経費や税金のことも考えて一番無駄のない使い方をする、という意味。**

たとえば、君が会社を作って、一人で仕事をしているとしよう。そうなると、お金を使うときは「会社で使うか」「個人で使うか」をよく考える必要が出てくる。

そして、君が株に投資して利益が得られたとしよう。株で利益を得ると、その2割は税金として取られる。

君が個人で投資した場合なら払うべき税金は利益の2割のみだが、もし会社として株に投資し利益が出た場合、その利益は会社の売り上げとなるため利益の2割にさらに所得税もかかる。つまり二重に税金を取られることになる。

会社の成長戦力として資金が必要なら、会社で株投資をするのもいいだろう。

しかしそうでないなら、**二重の税金がかかってしまうのはスマートとはいえない。**個人で投資し、税金を抑えた方が賢いだろう。

また経費を意識してできるだけ節税することも大切。

入ってきたお金を何も考えずに支払うのではなく、経費として使ったものは経費で落とし、浮いた節税分は自己投資に回すんだ。

新たな投資に回せば、それはまた世の中の豊かな循環を作る一助となるはずだよ。

またお金の美しい使い方を考えるときには、自分の「足下」を見ることも大事だ。

それは日常のお金の使い方に気を向けること。

じつはかつての僕は、美しいとはいえないお金の使い方をずいぶんしてきた。毎晩飲みに行って深酒をしてしまったのは、美しくないお金の使い方の最たるものだった。酒に酔えば横柄な態度にもなり、暴言を吐いてしまう場合だってある。それで誰かを傷つけてしまう場合もあるだろう。

そんなお金の使い方は、自分に何も残らないどころか他人を不幸にする。世の中に豊かな循環をもたらさないよね。

だから君にはそんなお金の使い方をしてほしくないんだ。


ところで、誰にでも簡単にできる「世の中に豊かな循環をもたらすお金の使い方」がある。**そのひとつが寄附だ。**

そんなに大げさに考える必要はない。コンビニやスーパーのレジ横には、たいてい募金箱が置いてあるだろう? あそこにチャリンといくらかの小銭を入れるだけでいいんだ。「10円や100円を入れても……」と思うかもしれないが、「チリも積もれば……」はバカにできない。一人ひとりの善意はささやかなものでも、それが何百人、何千人のものとなれば大きな力になる。世の中の誰かを助ける力になる。

しかも寄附すると、その行為で自分の心も温かくなる。

「いいことをしたじゃないか」という優しい気持ちになれる。その気持ちで人と接すると、いいことも起きやすいという好循環も生まれる。

募金はお金持ちでなくてもすぐにできる、美しいお金の使い方のひとつなんだ。毎日5円募金してみよう。心が温かくなるよ。

年収2000万円になるためのお金の知識13

経費や税金を意識して、浮いたお金で自己投資

「金融電卓」を持ち歩けば数字に強くなれる

年収2000万円をめざし、預貯金も増やす段階になったら大きな金額に慣れることも必要だ。

たとえば「金融機関から5000万円を借りる」と聞くと、その金額の大きさにたじろぐかもしれない。「そんな多額の借金、自分には無理」と思うかもしれない。

しかし金額だけを見て、それ以上の行動をストップさせてしまったらお金の引力は働かない。**見た目の金額に惑わされず、借金の実態をきちんと見るべきなんだ。**

すると「案外大丈夫かもしれない（この金額なら借りられるかもしれない）」と思う場合も少なくない。

その借金の実態を明らかにするのに便利なのが「金融電卓」だ。

金融電卓とは、ローンを組んだ場合に毎月の返済額はいくらになるのかなど、普通の電卓では複数の計算を経ないと出ない数字が簡単に出せるもの。

たとえば借入額は5000万円、利率は1％で20年かけて返すとしよう。

金融電卓にこの3つの数字を入れれば、返済総額は約5519万円になり、月々の返済額は約23万円になるということがすぐに弾き出される。

僕がこの金融電卓を使うのは、主に不動産投資をする際にその投資が適切なものかどうかを判断するときだ。

たとえば投資用として中古マンションを買い、そのマンションをリフォームして誰かに貸し出そうと考えているとしよう。そのために借入れたお金が5000万円で、月々の返済が23万円だとする。この場合、マンションを貸して得られる家賃収入が月々23万円以下だと、投資の意味はない。赤字続きになってしまうからだ。

僕が通常、「この不動産に投資しよう」と決める基準は、**月々の返済額が月々の家賃収入の30％以内に収まるもの。**

つまり月々の返済が23万円なら、最低でも毎月77万円の家賃収入が、ローンの返済期間の間にずっと見込める不動産でなければ買わないようにしている。
なぜなら賃貸物件は、常に借り手がいるとは限らない。10部屋あってもすべてが埋まらない場合もある。それを考えると、月々の返済額を家賃収入の30%以内に抑えるのが賢明だと考えるのだ。

僕は基本的には、この数字は50%以内ならOKだと考えている。

不動産投資の初心者のなかには、この数字が70～80%の不動産でも購入してしまう人が少なくないが、これは危険だ。部屋に空きが出た場合に、家賃収入より返済額の方が上回ってしまう可能性が高まるからだ。これでは投資にはならない。

さて、話を戻そう。
このように金融電卓を使い、ローンを組んだ場合の月々の返済額などを弾き出してみると、具体的な数字が見えてきて、ローンが漠然としたものではなくなる。
一見、大金すぎて自分には無縁に思えるローンも、計画的に設定すれば、現実的なものであるとわかる場合もある。

そもそもお金の引力が低い人は、数字を扱う癖ができていないんだ。

たとえば「５０００万円のローンを組む」と聞いたら、その５０００万円という数字だけを見て尻込みしてしまい、その先の数字を見ようとしない。次の行動に移らないし、移れない。これではお金の引力は高まらないよ。

そこで金融電卓を持ち歩く。そして気になる高価なもの（不動産でも車でもなんでもいい）があったら、それを購入するためにはいくらの借金をし、いくら返済しなければいけないのかなど計算だけはしてみる。

すると数字にも大金にも慣れてくる。これだけの資金があれば、これだけの利益が出るなどということも実感できる。

要は、「お金が働いてくれるとはどういうことか」が具体的にわかり、また大金を扱うトレーニングになるのだ。

だから金融電卓を持つのは「お金持ちになってから」と待つ必要はない。

むしろお金がないときから金融電卓を持ち、実際に使ってみることを勧めるよ。

年収2000万円になるためのお金の知識14

「金融電卓」を持ち歩き数字と大金に慣れる

今こそ、貯金箱を買いなさい！

お金持ちになりたかったら貯金箱を買うといい。

君は「今さら貯金箱⁉」と思うかもしれない。

そう、今さら貯金箱だ。けれどこの段階で買う貯金箱は、お金を貯めるためではなく、**小銭と「さよなら」するためのもの。**

ここで改めて、僕が考える「お金持ちの定義」を思い出してほしい。

それは**「お金と時間と場所から解放され、人生の夢をかなえ、多くの人から愛され、自分の生み出した富を多くの人に還元している人」**だ。

お金から自由になるにはどれくらいの資産を持てばいいのか。

それはその人の価値観によって異なるけれど、僕は最低「年収1億円」くらいになる資産があれば、お金からは自由になれると思っている。

そして毎年1億円以上の利益を出すには、その何倍、何十倍というお金を扱わないとならない。

つまりお金持ちになるには、常に大金にフォーカスする必要があるのだ。

でもお金がないとき、人は1円や10円などの小さなお金にこだわる。

普段の生活に必要なものを買うときにも、1円でも10円でも安い方がいいなどと考える。確かに、日々の生活を無駄なく、質素に暮らそうとすることもお金持ちになるためには必要だ。

しかしいつまでも小さなお金にこだわっていたのでは、お金持ちへの飛躍はできな

い。

たとえば小さな水槽で泳いでいる金魚はいつまでも小さい。でも水槽を大きなものに変えると、金魚の体も大きくなる場合がある。これは金魚が環境に合わせて成長する習性を持っているからだそうだ。

僕は人間にも似たような習性があると思う。

無理やりにでもお金持ちと同じような環境に身を置けば、お金持ちに近づくことができるのだ。

そこで僕が26歳の頃に買ったのが貯金箱だった。

１００円ショップで貯金箱を買い、毎日、夜になると財布に入っている小銭を貯金箱に移した。

最初は1円玉と5円玉と10円玉のみだったが、そのうち50円玉も１００円玉も入れるようになった。５００円玉も入れるようになったのはかなり後だったけれど、結局小銭はすべて貯金箱に入れ、**少なくとも朝の時点では財布に小銭が残っていないようにした。**

小銭に「さよなら」をし、視界に小銭が入らないような環境に身を置くことで、小さなお金にこだわらない「体質」になろうと考えたのだ。

そして大金のみにフォーカスしようと決めた。

小銭のことを考えている時間や労力を、大金に注ぐことを決めたんだ。

小さな水槽に入っている金魚はいつまでも小さい――。

それと同じで、小さなお金にこだわっている人はいつまでも小さなお金しか手に入らないだろう。つまりはお金の引力も小さいままだ。

お金の引力を高めようとするなら、自ら「小さな水槽」から出ること（＝貯金箱に小銭を移して小銭と「さよなら」すること）もとても大事なんだ。

年収2000万円になるためのお金の知識15
小銭はすべて貯金箱に入れて大金にフォーカスする

お金持ちになりたかったら、夫婦円満で両親とも仲良くした方がいい理由

前に「お金持ちになりたかったら、心から大好きな人と結婚するべきだ」と話したよね。

大好きな人を大切にするのは、お金持ちになるためにも大事だが、よりお金持ちになるため、そしてお金持ちでい続けるためにもとても大切なんだ。結婚をしたら、夫婦円満を続け、さらには夫婦どちらの両親とも仲良くした方がいい。

なぜなら、銀行から融資を受けるときにより有利になるから。

たとえば君が何かに投資しようと、銀行からお金を借りるとしよう。

融資可能額は、基本的には君の年齢、年収、勤続年数、職業形態などによって決まってくる。

だが一定の収入のある家族がいる場合、それぞれが債務者となり、かつそれぞれが相手の連帯保証人となって、家族単位で見るとより多くの融資を受けられる場合がある（所有している資産を家族で連結して見てもらえるのだ）。

君一人だけなら4500万円までの融資しか受けられないところを、**家族と連結することで倍以上の融資が受けられるようになることもあるのだ。**

じつは、僕が不動産投資を始めた当初はこの方法で資産を増やした。

当時、僕の預貯金は1000万円程と心許ないもので、僕が単体で銀行から受けられる融資額はそれほど多くなかった。

だけど、**妻の実家とも資産を連結したので、無事融資してもらえたのだ。**

不動産投資は、投資額が大きいほど利益も大きくなる。

要はレバレッジが効く。

同じ10％の利益でも、1000万円の投資なら100万円の儲けにしかならないが、1億円の投資なら1000万円の儲けが出る、というようにね。不動産投資では、投資額が大きくものをいうんだ。

だから、僕がここまで資産を大きくできたのは、家族、そして妻の両親のおかげもある。

今後、君も家族との資産の連結や、または遺産相続などの形で誰かからお金を譲り受けることがあるかもしれない。そんなときは「お金の源泉」に厚く感謝するべきだ。

人はお金の引力が高まると、お金の感覚が変わってくる。

以前はあんなにありがたいと思っていた1万円も、「1万円だけあっても」という感覚に変わってしまう場合もあるかもしれない。それはある意味悲しいことだ。

そして同時に、**人は大金を手にすると他者への感謝も忘れがちだ**。それも人として、とても悲しい。

だから常に感謝の心を忘れないようにしよう。目の前にあるお金だけに注目するのではなく、そのお金を生み出してくれた源泉にも思いを馳《は》せて、感謝をするのだ。

年収2000万円になるためのお金の知識16

家族と連結することで融資額が変わる

年収2000万円になるためのマインドセット【5ステップ】

1 豊かに暮らすには年収2000万円
2 夢を描こう、そして夢に予算をつけよう
3 恥ずかしいからこそ夢を公言しよう
4 一旦立ち止まりお金以外の部分に目を向ける
5 家族や大事な人との予定を最優先にする!

年収2000万円になるための仕事の見直し【5ステップ】

1 仕事は70点思考!
2 真の人脈のために今縁のある人を分け隔てなく大切にする
3 「目標達成シート」は何度も書き換える
4 「目標達成シート」を使って予算を立てる
5 成功者が身近にいなければ本を読む

年収2000万円になるためのお金の知識【16ステップ】

1 給料は自分の自由な時間と引き換えに得たもの

2 資産を持てば会社員でいながら収入が見込める

3 お金持ちをめざすなら起業がいい

4 自分の家計をPL、BS、CFで見る

5 資産と負債、収入と支出のバランス、キャッシュフローの状態が重要

6 これからは資産にフォーカスする

7 投資性があり、資産性の高い「経費を使う」という意識を持つ

8 いい借金とは、稼いでくれるお金を得るためにお金を借りること

9 お金があるからこそ借金をする

10 不動産投資にはインカムゲインとキャピタルゲインがある

11 不動産投資で成功するには、情報収集力、情報分析力が欠かせない

12 関わる人たちが豊かになれるお金の使い方をする

13 経費や税金を意識して、浮いたお金で自己投資

14 「金融電卓」を持ち歩き数字と大金に慣れる

15 小銭はすべて貯金箱に入れて大金にフォーカスする

16 家族と連結することで融資額が変わる

第3章

年収1億円以上になった僕がやっている「お金の引力」を高める方法

01

年収1億円になるための マインドセット【8ステップ】

富裕層であり続けるための「人生の波」対応術

ここまで、年収４５０万円をめざす段階、年収２０００万円をめざす段階それぞれで、持つべきマインド、仕事との向き合い方、知っておくべきお金の知識について語ってきた。

ここからは、年収2000万円を達成しさらに上をめざす段階の話をしよう。

僕は現在、年商約3億円の会社を経営し、他に多数の不動産を所有している。ちなみに妻や妻名義の法人も多数の不動産を所有し、家賃収入を得ているから、**家族単位で考えると年収は億を超える。**　妻とあわせて年収1億円以上を10年以上維持している。

僕が初めて不動産を取得したのは30歳のとき、会社を設立したのは32歳のとき。不動産の所有はたった1棟のアパートを手に入れるところから始まり、会社の年商も設立当初は約4000万円程。その後、不動産の所有数も会社の年商も増えていった。

といっても、ここまで順風満帆にきたわけではない。

会社は設立10年で年商35・6億円に達した。当時は「株式上場をめざす！」「1兆円企業をめざす！」と言って張り切っていたんだ。

しかし半年後、社内でコンプライアンス問題が発覚、また、いわゆるスルガショックが起きたのも同じ年で、融資が思うように受けられなくなってしまった。

115名いた社員は事業売却やホテル閉鎖のため、8名になった。

所有していたホテルをひとつ売却し、資産も少し減った。

そこへさらに新型コロナウイルスが世界を襲った。

これは僕だけに限ったことではないだろう。

誰の人生にも、その大小の差こそあれ必ず波がある。

順調なときとそうでないとき。「陽」の時期と「陰」の時期だ。

新型コロナウイルスがわかりやすい例だが、順調でないとき、陰の時期というのは自分では抗《あらが》いようのない場合もある。自分の力だけではどうにも避けられないのだ。

そこで大事になってくるのが、陰の時期、陽の時期をそれぞれどう過ごすかだ。

それによって、たとえ陰の時期に入っても、それをうまく乗り越えることができる。あるいは陰の時期の到来をできるだけ遅くすることができる場合もあるだろう。

逆に、自分の振る舞いによって陰の時期の到来が早まることだってある。

年収450万円、年収2000万円をめざす段階では、比較的直近のこと、または目の前のことに集中していればよかった。

しかしそれ以上をめざす段階では、もう少し長いスパンで物事を見るべきだろう。

会社を経営している場合なら、売り上げがどんどん伸びている「上り調子」のとき（陽の時期）でも、その状況に浮かれてしまわないこと。同じ状況がずっとは続かないと冷静になり、振る舞いを考えるのだ。

またトラブルの発生や、売り上げがうまく伸びない（または下降している）など陰の時期の場合には、その状況に溺れてしまわずに次の策を考える。

陰と陽、どちらにしても少し先を見据えて行動するのだ。

年収1億円以上をめざす段階について取り上げる本章では、そんな「長期の視点を持ちながらやるべきこと」について話していこう。

年収1億円になるためのマインドセット1

人生には「陰」と「陽」があり、それぞれ少し先を見据えて行動する

資産が増えていくなかで起きやすいこと

前に「目標達成シート」は何度も書き換えるべきだと話したよね。人は日々努力をしていれば、必ず成長する。そして目標もより高まる。要は、人は日々変化し続ける。それはこの段階も同じ。**だからこの段階でも、新たに「目標達成シート」に向き合うべきだ。**

過去の「目標達成シート」を振り返ると、その中央のコマには「年収450万円達成」「年収2000万円達成」などと書かれていたかもしれない。

この段階にきたら、さらなる上をめざし、中央のコマに「年収5000万円達成」「年収1億円達成」などと書いてもいいだろう。

だがこのとき、ぜひ改めて確認してほしいのが自分の価値観だ。

増えたお金によって自分は何を成し遂げたいのか、何にお金を使いたいのか、つまりは**「何を一番大事にしたいのか」「どう生きたいのか」を考えるのだ。**

そしてこれを考えるいいきっかけとなるのが、自分のなかで「陰の時期になった」と感じたときだ。

僕もそう感じたときに、改めて自分の価値観に向き合った。

会社の売り上げが順調に伸び、「上場をめざすぞ」「1兆円企業にするぞ」などと息巻いていた陽の時代が幕を下ろし、上場を断念して「陰の時期に突入した」と感じたときだった。

それまで年商や資産を増やすことばかりに気が向いていたが、改めて自分は何を一番大事にしたいかを考えた。

結論は家庭円満。家族が仲良くしあわせに暮らすことだった。

そしてハタと思った。自分はこれほどまでに大事に思っている家族に何をしてあげられただろうかと。

お金持ちになるには資産を拡大させる必要があるが、その資産拡大期、ローンを組んで得るマイホームは負債となるため、僕は大きな家を望まなかった。

結婚して最初に住んだのは、中古マンションの3LDKの部屋。

その後、家族が増えたため引っ越したのは65坪の一軒家。都心部に暮らす人にとっては広いと感じるかもしれないが、8人家族にとっては狭かった。資産拡大期なのだから、家も車も質素なものでいいと考えていたのだ。

これはつまり、資産を拡大させることを優先して、家族の快適さや住みやすさなどを考慮していなかったということだ。

本当は家族が一番大切なのに、そして本来は家族がしあわせに暮らすために資産を拡大させているはずなのに、家族を犠牲にしていたのだ。

資産が増えていく段階、増やしていこうという段階で、じつはこういうことが起きやすい。要するに、自分にとって本当に大切なもの・ことを見失いやすくなるんだ。

これではどんなにお金が増えても意味がない。

陰の時期の到来は、このような大事なことを気づかせてもらえるチャンスでもある。

いや、ひょっとすると、陰の時期の到来は「大事なことを忘れているぞ」という戒めの一面もあるのかもしれない。

自分にとっては家族が一番大事だと気づいた僕は、自分たちが住む家と資産に対する考え方を変えた。新型コロナウイルスの到来で、家で過ごす時間が増えたことも関係しているかもしれない。

家に関してはもう少しわがままに考えて、豊かさを享受しようと思ったのだ。質素一点張りではなく、もっと贅沢《ぜいたく》をしてもいいじゃないかと考えるようになった。

ちなみに、一方でこのマイホームへの考え方の転換が、十分な資産を所有した後だったのは正解だったと思っている。多くの人は、十分な純資産を持たないうちにマイホームへの甘い夢を抱いてしまう。**あるいは少し年収が増えた時点で、贅沢なマイホームを手に入れようとしてしまう。それではやはり資産を築くのはむずかしい。**

「自分にとって本当に大事なものは何か」を真剣に問うのは大事だが、それを言い訳に、安易に贅沢なマイホームに流れるのは危険なのだ。

年収1億円になるためのマインドセット2

本当に大切なもの・ことを見失わない

お金を失うことを恐れて守り一辺倒にならないために

「目標達成シート」に向き合い、何を一番大事にしたいかを考えるとき、もうひとつ改めて考えるべきことがある。それは自分の夢についてだ。

前に、夢は「お金の引力」を高めると話したよね。この夢は絶対実現させたいというエネルギーがお金の引力の大きな元になるのだと。

年収1億円以上をめざす段階では、お金の引力もかなり高まっているだろう。この段階で改めて自分の夢について考えるのは、**お金の引力を一層高める意味もあるけれど、より陽の時期を長くするためでもある。**

年収も資産も増えてきて、かつてのようなお金の心配がなくなると、今度は逆にふと「自分はいったいこのお金をなんのために使えばいいのか」と不安になる場合がある。あるいは、傍《はた》から見れば十分な資産を持っているのに、お金を失うことを恐れて「守り」一辺倒になってしまう場合もある。

こんなときに大事なのが夢だ。

夢があれば、その実現に向けて必死になれる。無我夢中になれる。そしてこの段階では、それに必要なお金を惜しみなく使えるようになっているはずだ。

だが夢がないと、どんなにお金があっても次なるエネルギーが湧いてこない。

そうなるとどうしたって陰の時期に入りやすくなってしまうのだ。だからこの段階でもう一度夢を再確認することはとても大事なんだ。

年収1億円になるためのマインドセット3
陽の時期を長くするためにも、改めて自分の夢を考える

メンターが持っていて自分にはない「成功の部品」を手に入れる

夢にはお金を有効に使うことで実現するものもある。

たとえば以前に話したワイナリーのオーナーになるという夢は、お金があれば比較的実現しやすい夢だ。

このような夢がかないやすくなるのは、お金持ちになる魅力のひとつだろう。

しかしどんなに大金を積んでも、それだけではかなわない夢もある。

そんな夢や目標を実現させるためには、どうしたらいいのだろうか。

夢や目標の実現に近づく方法のひとつは、その夢や目標を実現させている人、あるいは近くにいる人に直接会うことだ。

僕は自分の夢や目標がヴァージョンアップするたびに、メンターも変えてきた。その夢や目標の近くにいる人をメンターにしてきた。

夢や目標の実現に必要なものを、僕は「成功の部品」と呼んでいるが、メンターに会うとそれが見えてくる。


成功の部品のひとつは、メンターにあって自分にはないもの。

それは考え方であったり、時間の使い方、お金の使い方だったりする。

さらには持ち物、服装、振る舞いなどだ。

それらを一つひとつ自分に取り入れていく。

またメンターは、さらに必要な成功の部品についても教えてくれる。

具体的に、「こういう部分の能力を磨いた方がいい」「この人に会った方がいい」「この知識を身につけた方がいい」などと教えてくれる。要は、夢を実現するための具体的な情報を多く仕入れることができるのだ。

ちなみに今の僕の夢は、歌手としてドームでライブをやること、NHKの紅白歌合戦に出場すること、そしてグラミー賞を獲得することだ。これらは本気の夢だ。

もちろん夢の実現のために、具体的な行動もしている。

毎月、北海道から東京に行って本格的な歌のレッスンも積んでいる。

この原稿を執筆中のついこの間、バンコクにて開催された「JAPAN EXPO THAILAND 2023」の舞台に、さまざまなアーティストやアイドルと共に立ち、歌を披露した。

もちろん、飛行機代もレッスン代も滞在費用もかかる。だが年収も資産も増えた今、僕はこれらを惜しみなく使える。

これは年収1億円以上をめざす段階の醍醐味《だいごみ》といえるだろう。

目の前の生活に精一杯、あるいは目の前の生活には少し余裕が出てきたけれど将来を考えると不安という時代を抜けて、自分の夢実現に向けて思い切り投資できるのだ。

年収1億円になるためのマインドセット4

メンターが持っていて自分にはない「成功の部品」を見極め、手に入れる

トップセールス、経営者……外見を「らしく」すると応援してもらえる

夢や目標を実現するために、まずやるべきこと。

それは外見から「らしく」することだ。

僕はこの方法で夢や目標を実現してきた。

20代の初めに不動産会社で**「トップセールスになる！」と決めたとき、僕はまず新**

しいスーツ、シャツ、ネクタイ、靴、鞄を一式買い揃《そろ》えた。

当時「こんなふうになりたい！」とめざしていたのは、同じ会社でトップセールスの記録を更新し続けていた先輩社員。彼の仕事のやり方、考え方、振る舞いなどをつぶさに観察し、自分にはないものをどんどん真似《まね》して吸収しようと心掛けた。

その最初の真似が、先輩と同じような身なりをすることだった。

当時の僕の営業成績はその先輩の足下にも及ばなかったけれど、**とにかく外見だけはトップセールスになろうと決めた。**

新しいスーツに身を包んで仕事を始めると、周囲の態度が変わってきた。

お客様は一人前の営業マンとして接してくれるようになった。真似をした先輩は「自分の真似をしてくれているな」と気づき、一層可愛がってくれるようになり、上司の信頼も上がった。

そして気づくと営業成績も伸びはじめた。

外見を変えることで意識や行動が変わり、能力も上がったのだろう。

以前より仕事がやりやすくなり、営業成績はどんどん伸びていった。

自分で会社を作り経営者となったときにも、まずは外見から整えた。会社を設立した当初、僕には自分が経営者だという自覚がなかった。経営者の意識ができていなかった。

だから経営者らしい身なりをするところから始めた。背伸びをして高価なスーツに身を包んだんだ。これは、その後会社の売り上げが順調に伸びていったことの一因になっていると思う。高価なスーツに身を包んで経営者っぽくなった僕を、従業員や取引先の人が信頼してくれた結果だろう。

そして今の僕の外見はというと、金髪にピアスだ。かしこまった席ではスーツを着用するが、それ以外はラフな服装をしている。

なぜなら僕の夢はプロの歌手になることだから。

金髪にピアスという、僕がなりたいイメージの歌手に近い格好をすることで、僕の意識や行動は変わる。自分自身が、自分の夢に本気になれる。

でもこの格好をすることの良さはそれだけじゃない。この格好をすることで、僕の

「歌手になる！」という夢の本気度が他者に伝わるんだ。

夢を実現させるためには、応援してくれる人の存在も大事だ。

夢というのは自分の力で実現していくものだけれど、一方で自分一人の力だけで実現する夢というのはほとんどない。

たいていの夢は誰かがサッと手を差し伸べてくれて実現したり、間接的に誰かのおかげがあって実現する。どちらにせよ、夢の実現には必ずどこかで、誰かが助けてくれている、支えてくれているはずなんだ。

だから他者に「こいつは本気で夢の実現をめざしているんだな」と思ってもらうことはスゴく大事。

それが「それならこいつを応援しよう」という気持ちに繋《つな》がるからだ。この意味でも、まずは外見から「らしく」するべきだよ。

「外見より先に中身を整えよう」と思う人も多いかもしれないが、僕はとにかく外見から変えることを勧める。**その方が絶対に結果も早く出るはずだ。**

年収1億円になるためのマインドセット5
次のステージにあった外見に変えていく

大事な人に「未来の質問」をすれば役立てそうなことがわかる

プロの歌手になること以外にも、今の僕にはいくつかの夢がある。それは地元北海道での映画祭開催、子ども食堂支援などだ。

その実現をめざして人に会うことも多くなった。

大事な人とお会いするとき、僕には心掛けていることがある。

それは大事な人にとっての「大事な人」になろうとすること。

前に「夢や目標の近くにいる人をメンターにしてきた」「夢を実現させるためには、応援してくれる人の存在も大事」と話したよね。

これはその通りなんだけれど、ともすると、人と付き合うときに、その相手から何かをもらうことばかりを期待するようになってしまう。僕にいろいろと教えてほしい！　僕を応援してほしい！　というようにね。

でも想像してみてほしい。逆の立場になったら、そんなふうに求めてばかりで近づいてくる相手はなんだか不快ではないだろうか？

そこで僕は、まずは相手にとっての「大事な人」になる努力をする。

ギブ&テイクではなく、「ギブ」だけを考えるんだ。

その人のために自分ができること、役立つことはないかを探す。

それを探すために、**僕は大事な人に会ったら、その人の本業に関する「未来の質問」をする。**

その人が本業で今後どうしていきたいか、将来どんな目標を描いているかなどを聞くんだ。この質問をするときには、「教えてもらう」という謙虚な気持ちで聞く。
するとその答えのなかに、自分が役立てそうなことが見つかる場合が多いんだ。

たとえば以前、北海道のある特別支援学校にお邪魔し、理事長にお会いしたことがあった。このときも、理事長の今後の展望や目標をお聞きした。するとその会話の流れで、「じつは今年は40名の定員のところ30名しか入学者がいなかったんです。この定員割れをなんとかしたい」とおっしゃった。

僕は正直、定員割れしていることに驚いた。なぜならその学校は全寮制で、設備も環境も綺麗《きれい》に整っている。その上、学費は国からの補助が出るため、一般の私立学校に比べても格安だったからだ。

そして定員割れの原因のひとつは、単なるこの学校の認知度の低さではないかと考えた。この学校の環境と設備を求めている人に、きちんとこの学校の情報を届けることができたら、定員割れはすぐ解消されるだろうと思った。

そこには、微力ながらも僕にできそうなことがあるように思えた。そして僕はそのことを理事長に伝え、具体的にこんなことができそうですと提案した。

気づいたかもしれないけれど、この理事長は僕の夢の実現には直接は関係ない。

でもこの理事長にはご縁があってお会いしたのだから、僕にとっては大事な人だ。

人の縁はどこでどう繋がるかはわからない。また、誰が夢の応援者となり、誰が自分の夢の実現に助力してくれるかもわからない。


それがわかるのは、夢が実現したときだ。


それまでを振り返って、「ああ、あの人が力になってくれたのだ」「ああ、あのときのあのご縁が繋がって今に到《いた》るのだ」などとわかる。

そしてそれはたいてい、**思いも寄らない人の助けがあって、思いも寄らない人との繋がりがある。**


つまりできることは、ご縁を感じた人を大事に思い、その人の「大事な人」になろうとする努力だけだろう。そのときどきの相手を思う気持ちと誠実な対応が、いつしか縁を結び、自分に返ってくるのだ。

だから僕はギブ&テイクではなく、ギブだけを考える。

そして相手の「大事な人」になろうとするのだ。

年収1億円になるためのマインドセット6
大事な人にとっての「大事な人」になるにはギブだけを考える

うまくいかない時期の「煩悩管理」は何をするのか？

人生にはその大小の差こそあれ、必ず波があるものだと話したよね。

あらゆることがうまくいく「陽の」時期と、何事も今ひとつになる「陰」の時期とがある。長いスパンで見ると、陽の時期と陰の時期が交互に巡って人生に波を起こすんだ。

波が起きる原因はさまざまあるから、その波を完全になくすのはむずかしい。しかしその波を穏やかにする努力はできると思う。

たとえガーッと運気が上がっても、その後に急降下してしまうのでは嬉《うれ》しくない。むしろ運気の急上昇、急降下はかえって精神的なダメージが大きいだろう。だからできるだけ波を穏やかに保つことはとても大事だ。

では、どうしたらそれができるだろうか。

もっとも大事なのは「煩悩管理」だと僕は思っている。

煩悩とは、仏教の言葉で「心を煩わし、身を悩ます心の働き。心身を悩ます一切の精神作用の総称」（日本国語大辞典より）のこと。

なかでも三毒「①貪欲、②瞋恚《しんい》（怒りや妬み、憎しみ）、③愚痴」はその根元的なものとされている。

うまくいかない陰の時期、僕らはなんとかその陰の時期から抜け出そうと必死になってしまいがちだ。

たとえば自分の仕事で売り上げが伸びないと、なんとかして伸ばそうと躍起になる。不安になって、手当たり次第に新しいことに手を出してしまう場合も多い。

でもこのとき、**本当にやるべきなのは「自分の心に向き合う」ことなのではないだろうか。**自分のなかの三毒「貪欲、瞋恚、愚痴」と向き合って、自分が本当に求めているものは何かを探るのだ。

ちなみに僕の経験からいうと、**陰の時期に人は怒りっぽくなる。**その怒りの原因は自分のなかにあるのに、他人のせいにしたり、親のせいにしたりしがちだ。

自分は何かに怒っていないか。自分の怒りの原因は何か。**その怒りの原因は、自分が本当に求めているものが得られないからではないか。**

その本当に求めているものとは何かを考えてみよう。

自分が本当に求めていることが何かがわかると、自分が本当にやるべきことが見えてきて陰の時期から抜け出しやすくなる。

今は陽の時期に花を咲かせるための種を植え、育てるときだと気づくからだ。

そしてしっかり陰の時期を過ごせば、それは後に「あの陰の時期があってよかった」と思えるときが必ずくる。

年収1億円になるためのマインドセット7

うまくいかない時期の怒りの原因は自分のなかにある

うまくいっている時期の「煩悩管理」は何をするのか?

「陽」の時期もまた、「煩悩管理」が重要だ。

お金の面でいえば、陽の時期はどんどん増える。

年収も預貯金もどんどん増えるだろう。**この時期、この豊かさはずっと続くと錯覚**

して冷静さを失ってしまう人は多い。

お金の豊かさをイコール人の価値と勘違いして、天狗《てんぐ》になり、人に横柄な態度を取ってしまう場合もあるだろう。

正直にいえば、僕もこれまでにそんな勘違いをした時期があった。

そしてじつはそれが、**次の「陰」の時期への種になっている場合も少なくない。**

だからここでも徹底的に煩悩管理をする。

自分は本当は何をやりたいのか。一番大切にしたいものは何かを改めて考えるのだ。

陰の時期、陽の時期それぞれでしっかり煩悩管理を行えば、たとえ陰の時期に突入しても深く落ち込まないで済む。

逆に陽の時期に入っても浮かれすぎないだろう。

それが結局、波の動きを穏やかに保つのだ。

僕の場合なら、陰の時期に自分と向き合い、やはり自分にとって一番大切なのは家族だと改めて認識した。

そして人生で本当にやりたいことは何か、本気で成し遂げたいことは何かを考えたとき、それは昔からの夢でもあったプロの歌手になることだと気づいた。

自分にとって一番大事なものがわかっていると強い。自分の煩悩に翻弄されそうになっても、自分を冷静に保ってくれるからだ。元の場所に戻してくれる。

だから僕は、**たとえば陽の時期にどんなに利益が出ても、高級車や高級時計をほしいとは思わない。**

僕には家族全員が乗ってどこかへ行けるハイエースがあれば十分。

週末にハイエースに乗って、ジンギスカンを食べ、温泉に入れたら満足。家族も僕も楽しめるし、何より食事とお風呂を済ませれば、帰宅後の妻が楽をできる。今の僕にとっては、妻と子どもたちに喜んでもらえることが何よりのしあわせなのだ。

年収1億円になるためのマインドセット8
うまくいって浮かれすぎないためにも、煩悩管理を徹底する

02 仕事の見直し【2ステップ】

年収1億円になるための

本当のお金持ちは社会を良くしようと本気で考えている

資産や年収が増えるにつれて、本当のお金持ちと直接お会いする機会が増えた。
そして気づいたのは、彼らの多くが社会を良くしていこうと考えていることだ。
日本の貧困をなんとかしたい。
シングルマザーに手を差し伸べたい。

子ども食堂を支援したい。

地方を活性化させたい。地域を盛り上げたい。

ベンチャー企業を応援したい。

その角度はさまざまだけれど、社会を良くしたい、社会を変えたいという思いは共通している。

もちろんそんなことを考えないお金持ちもいる。

自分と、せいぜい自分の仲間が快楽を満たすことに躍起になっている。

基本的に彼らがいつもフォーカスしているのは、自分のためのお金だ。

一時期、僕もそんな彼らと付き合ったことがあるが、彼らの軸がいつもあまりに「お金」にあるので、僕はうんざりしてしまった。彼らは今後どんなに稼いだとしても、きっと「本当のお金持ち」にはならないだろう。

一方の本当のお金持ちは、あまり自分のことを考えていないように見える。

すでに自分自身については満たされているからだろう。**彼らはいつも、他人のため、社会のためにお金を使うことを考えている。**

そんなお金持ちに会うと、勝手に僕と彼らは「魂連合隊なのではないか」と思ってしまう。

魂連合隊とは、清らかな心で繋がっている仲間のこと。

自分のことは置いておいて、世のため、他人のために活動する、ゆるやかに繋がる仲間だ。

そして世の中を変えようとするとき、この連合隊は大きな力を発揮するのではないかと思っている。

だから僕も彼らのようにありたいと思っているんだ。

もちろん、自分や家族のためにもお金を使う。

それと同じくらい、他人のためにも社会のためにもお金を使っていきたい。

ただし、このようなお金の使い方は、年収1億円以上をめざす段階になったらでいいだろう。ときどき「収入の1割は寄附するべき」という声を聞くことがある。無理なくこれができるなら、もちろんいい。

しかし年収450万円以下の段階だったら、まずはしっかり働き、収入を得て、納税する。この形の社会的役割をきっちり果たすべきではないだろうか。

それができていない段階で「他人のために」「社会のために」というのはどこか偽善のような気がしている。しかし年収1億円をめざす段階なら、「他人のため」「社会のため」という視点を無理なく持てるはずだ。

さらに僕は、他人のため、社会のためにお金を使うだけでなく、他者への思いやりや愛情がお金とともに流通する仕組みも考えたいと思っている。

具体的にどんな形にするか、それはまだ計画中だ。でも「魂連合隊」の仲間に会うと、その実現は遠くないと思える。なぜなら彼らはいつも思いやりと愛情のパワーに溢《あふ》れているからだ。

年収1億円になるための仕事の見直し1

社会のためにお金を使うお金持ちと「魂連合隊」になれる仕事をしよう

四方八方に「氣」を向ける

しつこいようだけれど、ここで改めて僕が考える「本当のお金持ち」とはどんな人かを伝えておこう。

それは、**「お金と時間と場所から解放され、人生の夢をかなえ、多くの人から愛され、自分の生み出した富を多くの人に還元している人」**だ。

僕がこれまで会ってきた本当のお金持ちには、ひとつの共通点がある。

それは彼らが常に周囲の人に気を向けている、ということ。

「気」という字は、かつては「氣」と書いた。「氣」の字のなかには「米」がある。「米」には八方に広がるという意味があるというけれど、まさにそんなイメージ。

彼らは、気持ちをいつも四方八方に向けている。

四方八方というのは、まずは身近な人たちだ。家族や友達、仲間、会社の従業員など。さらに彼らは、地域や社会、日本、そして世界にも目を向けている。

わかりやすくいえば、四方八方の人々に愛情と思いやりを持っているのだ。


僕もそうありたいと常々思っている。

でも他人への態度の良し悪《あ》しというのは、自覚しづらい。

自分では意図していなくても、知らず知らずのうちに他者を傷つける態度や言動を取ってしまうこともある。

とくに「陽」の時期にやりがちだ。

仕事も順調、売り上げも順調、年収も預貯金もどんどん増えていくような陽の時期は、無自覚なまま強気になりやすい。

だからときどき、とくに陽の時期にはセルフチェックが必要だろう。

周囲にきちんと気を向けているか。身近な人に愛情と思いやりを持って接しているか、と。

また、**身近な人の何気ない言葉を取りこぼさないようにすることも大事だ。**

たとえば僕の妻はときどき、「最近、飲みすぎじゃない?」「最近、子どもたちとあまり話していないんじゃない?」などと、サラッと言うことがある。

あるいは「あのときの(会社の)スタッフに対する言葉遣いはちょっと冷たくなかった?」などと言うこともある。

このような身近な人が感じているもののなかには、自分ではなかなか気づけない真実がある。**だから身近な人の言葉を素直に聞くというのは大事だ。**

さりげない言葉もきちんと受け止めよう。

妻や夫でなくても、長い時間を共に過ごしている仲間や友達でもいいだろう。身近な彼らが正直に語る言葉には大事な意味が詰まっている。

年収1億円になるための仕事の見直し2

気持ちを四方八方に向けて、身近な人の何気ない言葉を取りこぼさないようにする

03

年収1億円になるための
お金の知識
【3ステップ】

日本の男性の「平均時給」は3456円！ あなたはいくら？

同じお金持ちになるなら、効率よくなりたいとは思わないだろうか。

そのためには**「人生の平均時給」を上げていくことが大事だ。**

時給1000円なら10時間で1万円にしかならないが、時給2000円なら10時間で2万円になる。

当然だが、時給が上がれば同じ金額のお金を稼ぐスピードも倍になる。

このシンプルな方程式を最大限に活用するのだ。

ところで君は、会社員の「人生の平均時給」がいくらになるかを考えたことがあるだろうか。ここではその数字を割り出してみよう。

現在、**日本の男性の生涯平均年収は約２・92億円だそうだ**。

この生涯年収とは、新卒から65歳の定年まで働き続けた場合の金額で、残業代や退職金も含まれる。

この約2・92億円を、新卒から定年までの労働時間で割れば「平均時給」が出る。

ここでは仮に、1年間のうち休日を除いた約240日、そして1日に8時間働くと考える。すると、22歳から65歳までの44年間で8万4480時間働くことになる。するとその**「平均時給」は、３４５６円だ**。

会社員の場合、この平均時給を上げようとすると相当な努力が必要だろう。

そして努力したところで限界はある。しかもその限界値は意外にも低い。

だからここまでに、お金持ちになろうとするなら資産を増やすことを考えるべきだと伝えてきた。


だがより効率よくお金持ちになるには、さらに「人生の平均時給」という視点も加えることが大切だ。


単に資産を増やそうとするのではなく、より効率よく資産を増やせる方法を選ぶ。

資産を増やそうとするとき、目の前に現れた数字に惑わされずに「これは人生の平均時給を上げるか」と考えてみるのだ。


たとえば1年間で1000万円の利益が見込める不動産物件Aと、1年間に100万円の利益が見込める不動産物件Bがあったとしよう。

多くの人がまず注目するのは、きっとAの方だろう。

しかし効率よくお金持ちになる人は、ここですぐに「Aの方が良い」とは判断しない。たとえばAの物件を維持するためには、リフォームや管理などの発注作業やら書類の手続き等で約1か月の作業がかかるとしよう。1日7時間をその作業に費やせば、1か月（休日を除いた約20日）で140時間になる。となると、時給は7万1430円だ。

一方、1年間に100万円の利益が出るBの物件にかかる作業時間は、わずか1時間だったとしよう。すると時給は100万円となる。

今の僕なら迷わずBを選ぶ。

そして物件Bに関わる作業をさっさと1時間で終え、他の投資に時間を費やす。

結果、その方が断然スピード感を持った資産、年収の増額となることが見込めるからだ。また、**物件Aに関わる140時間の作業をしている間に、大事な案件を取りこぼす可能性が高いからでもある。**

もちろんこの場合、AとBのどちらを選ぶのが最良かは、そのときの資産状況や仕事状況などによって変わるだろう。

資産が少ない段階なら、Aを選んだ方が賢明という場合もある。

どちらにせよ大事なのは**見た目の数字に惑わされず、人生の平均時給という視点を持ち込むことだ。**

年収1億円になるためのお金の知識1

「人生の平均時給」を上げるためにも、目の前の数字に惑わされない

「人生の平均時給」を上げるには、費やす時間を考える

これは、じつは「年収450万円をめざす段階」でも気にするべきことである。

たとえば少しでも「収入」を上げようと、メルカリでものを売ったり、ポイントを貯《た》めたりと小さな「収入」増のために躍起になる人は少なくない。

しかしその時給を考えたとき、果たしてそれは本当に自分にとって収入増になっているかを考えるべきだろう。

たとえば何かものを売ってすぐに得られる2000円や3000円をあきらめても、それに関わる時間をもっと別の将来のリターンを見込めることに費やした方が、「人生の平均時給」が上がる場合は多い。

得られる金額ばかりに注目するのではなく、その金額を得るために費やす時間も常に考えるようにしよう。

僕が「人生の平均時給を下げているな」と感じるのは、煩悩管理ができていない人と会ったときだ。具体的には、愚痴っぽかったり、怒っていたり、貪欲さを感じさせたりする人（自分の利益ばかり考えている人）。

こういう人と一緒にいる時間は、何も前向きなものが生まれない。

しかし「他人は自分を映す鏡」だ。

こういう人が近くに寄ってくるときというのは、きっと自分も同じような人間になっているのだろう。無意識に愚痴を放ち、怒り、「もっと、もっと」と何かを求めているのかもしれない。

だからこんなとき、僕は自分を振り返り、「もっと人生の平均時給を上げよう！」

と気合いを入れる。

年収1億円になるためのお金の知識2
「人生の平均時給」を下げる人に会ったら、我が身を振り返る

リターンばかりではない「エンジェル投資」の魅力とは？

人生の平均時給を一気に押し上げてくれる可能性を秘めているのがエンジェル投資だ。**年収が1億円以上になった今、僕はエンジェル投資がひとつのライフワークとなっている。**

エンジェル投資とは、創業間もない若い企業や上場していない企業に対し、その成

長を見込んで個人で行う投資のこと。

一般的な株式投資は証券会社を通じて行うが、エンジェル投資は基本的に個人が企業に直接投資する。投資の見返りとしては、その企業の株式などを得る。

そしてその企業がM&Aや、上場を果たした際などに利益を得られる可能性があるのだ。

エンジェル投資の魅力のひとつは、そのリターンの大きさだ。

もちろん投資だからリターンがなく、結果マイナスになる場合もある。

しかし成功したときのリターンは、一般投資と比べものにならないほど大きくなる可能性があるのだ。

証券会社で売買を行う一般株式投資は、投資した額の3倍のリターンがあればいい方だ。**だがエンジェル投資の場合、それが1000倍になることもあり得る。**

たとえばアメリカのエンジェル投資家のジェイソン・カラカニス氏が、あのUber Eatsを運営するUberの起業時に約1000万円を投資し、その後約100億円のリターンを得たというのは有名な話だ。

彼はじつに投資額の1000倍の利益を得たんだ。

このように、エンジェル投資は投資額が大化けする可能性を秘めている。


でも僕がエンジェル投資に魅力を感じるのはそれだけではない。

エンジェル投資には、株主として、投資先の会社を育てていくという楽しみがある。

当事者として、経営者や他の応援する者たちと一緒に知恵を出し合い、みんなと夢を分かち合うことができるのだ。


僕は現在、渋谷にあるIT企業と、北海道出身の、AIで健康を診断するアプリ開発を行う企業など22社にエンジェル投資を行っている。

2社ともM&Aも上場もしていないためまだ大きな利益は生まれていないが、今後の成長が楽しみだ。いずれ僕の「人生の平均時給」をドカンと上げてくれることを祈っている。

ちなみに、このエンジェル投資、以前は資金に余裕のある富裕層向けの投資といわれていたが、**最近ではより少額で始められリスクもより抑えられるクラウドファンディング型の投資もある。**まずはここから始めてもいいだろう。

年収1億円になるためのお金の知識3

夢を分かち合える「エンジェル投資」を始めよう

年収1億円になるためのマインドセット【8ステップ】

1　人生には「陰」と「陽」があり、それぞれ少し先を見据えて行動する
2　本当に大切なもの・ことを見失わない
3　陽の時期を長くするためにも、改めて自分の夢を考える
4　メンターが持っていて自分にはない「成功の部品」を見極め、手に入れる
5　次のステージにあった外見に変えていく
6　大事な人にとっての「大事な人」になるにはギブだけを考える
7　うまくいかない時期の怒りの原因は自分のなかにある
8　うまくいって浮かれすぎないためにも、煩悩管理を徹底する

年収1億円になるための仕事の見直し【2ステップ】

1　社会のためにお金を使うお金持ちと「魂連合隊」になれる仕事をしよう
2　気持ちを四方八方に向けて、身近な人の何気ない言葉を取りこぼさないように

する

年収1億円になるためのお金の知識【3ステップ】

1 「人生の平均時給」を上げるためにも、目の前の数字に惑わされない

2 「人生の平均時給」を下げる人に会ったら、我が身を振り返る

3 夢を分かち合える「エンジェル投資」を始めよう

エピローグ

最後に伝えたい「お金の引力」の大元

エピローグ

最後に伝えたい「お金の引力」の大元

こうして、本当のお金持ちへの道はできる

最後に一番大事な話をするよ。

君が、たとえここまでの話をすべて忘れてしまったとしても、これだけは覚えておいてほしい。

いつも近くにいる人への感謝の気持ちを忘れないでほしい。

最初は「感謝」までいかなくても、「思う」だけでもいい。

ここまで「お金の引力」について語ってきたけれど、じつは**この「他者を思う」「他者に感謝すること」はお金の引力の大元になる**んだよ。

他者を思い、他者に心から感謝できると、なぜか人は力が湧いてくる。そしてその人のために何かしたい、恩返しがしたいと強く思うようになるんだ。さらに、では具体的に何をしたらその人のためになるか、どうしたら恩返しができるかと考え、実行するようになる。

そこにはすでに、本当のお金持ちに到《いた》る道ができはじめているし、お金の引力も働きはじめている。

お金の引力を高めるには、①マインドを変え、②仕事を見直し、③お金の知識を身につけることが必要だと伝えてきた。

他者のためを思った行動は、結局この3つに繋《つな》がる場合が多いんだ。

僕が、人生で最初に感謝の気持ちを持てた相手は妻だった。

それまで自分のことしか頭になかった僕が、初めて他者を思うようになった。意識のフォーカスが自分から妻へと向かったんだ。

そしてここが、今の僕に到る道の出発点になった。

だから一番大事なのは、いつも自分以外の誰かを思うこと。感謝すること。

まずは身近な、たった一人への感謝でいい。

大好きな友達でもいいし、好きな学校の先生でもいい。自分にとって大事な人のうちの一人に思いを馳《は》せ、感謝するんだ。

時空を超える感謝の気持ち

人の心に宿った感謝の気持ちというのは、不思議なことにどんどん成長するものなんだ。

妻に感謝し、妻のために行動できるようになった僕は、次に母親への感謝の気持ちが自然と湧いてきた。

母親は僕が幼い頃に離婚をし、僕と弟の二人を女手ひとつで育ててくれた。昼間は事務員として、夜間はスナックで働いた。毎月の手取り収入は、おそらく多くて二十数万円だっただろう。きっと生活はギリギリだったはずだ。

しかしそのなかから、毎月約3万5000円の僕の塾代を工面してくれた。僕は学校の成績は良かったから、期待をかけてくれたのだろう。

このときに身につけた学ぶ姿勢、理解力、自分で物事を考える力などは、後の人生でも大いに役立った。

とくに不動産業で失敗する人の多くは、自分の頭で考えずに他人に言われるがままに動いてしまう人だからね。

そんな力を僕が身につけられたのは、母親が文字通り汗水流して働いてくれたからだ。また昼夜を問わず働いた母親のバイタリティは、僕のDNAに受け継がれていると感じる。

つまり今の僕があるのは母親のおかげ。

その後も僕の感謝の気持ちはどんどん大きくなり、対象もどんどん広がっていった。妻の両親、6人の子どもたち、会社のスタッフ、近所の人、地域の人……というように。

そして**身のまわりには感謝すべきものやことが溢《あふ》れていることにも気づいた。**

たとえば道路や学校、救急搬送システムなどのインフラ。地域で開催されるお祭りやマラソン大会などのソフトインフラ。これらの恩恵を受けたり、楽しめたりするのは、そこに関わるすべての人のおかげだ。

また、**感謝の気持ちは時空も超えた。**

過去に不動産ビジネスができるように法を整備してくれた人たち、その前に、僕らが暮らしているこの土地を開墾してくれた人たち……。

それらの人のなかには、時代に翻弄され、たとえば第二次世界大戦などで亡くなった人もいるだろう。

東日本大震災のような自然災害で亡くなった人もきっといる。もっと生きたかったのにと思いながら生きられなかった人もいるはずだ。でも僕らはこうして生かされていると思えば、感謝しかない。

ミッションは「人の心を建てる」

感謝の対象が広がると、その人たちのためにやりたいと思うことのスケールも大きくなっていった。

次第に**「これからは人の心を建てよう」**と考えるようになった。

仕事でマンションや一戸建てはたくさん建ててきたから、これからは一人でも多くの人の心が豊かで元気になるようなことをしたいと思ったんだ。

その具体的な方法のひとつが、今計画している北海道札幌での映画祭開催だ。

映画祭が開かれて、世界中のスターが北海道に来てくれたら、かつて僕が楽しませてもらった地域のお祭りやマラソン大会のように、北海道の人たちはワクワクできる。地域の経済活性化にも繋がるだろう。

ここまで語ってきたお金の引力を高める方法を伝えていくことも、そのひとつだ。**今の世の中は、生きるためにはもちろん、心が元気でいるためにもある程度のお金は必要**だからね。

そしてこのような思いをもっと多くの人に届けたいと思ったとき、歌手としてそれをやりたいと考えるようになった。

その思いを歌詞やメロディに乗せれば、きっとより多くの人に伝わるだろうから。

こうやって感謝の半径が広がり、やりたいことのスケールが大きくなると、より大きな応援者や協力者も現れる。

ただここに到る最初の一歩は、妻への感謝だった。

だから一番大事なのは、いつも自分以外の誰かを思うこと。

感謝すること。すべては、そこから始まるんだ。

君の横には、誰がいますか？

末岡由紀（すえおか・よしのり）

投資家。日本人トップ1%以内に入る資産家。

1976年、北海道生まれ。風呂なし市営住宅に母子家庭で育つ。中学卒業後、陸上自衛隊少年工科学校に入学するも、厳しい訓練の日々のなかで人生の方向性を見失って2年で中退。札幌の通信制高校に転校し、1年浪人後に札幌大学入学。大学卒業後、パチンコ店を経て不動産賃貸仲介会社に転職。預貯金391円だったが、「お金持ちになる」と決意。1年後に全店約300人の営業職のなかで年間トップセールスとなる。

32歳で不動産会社、パーフェクトパートナー株式会社を起業。一族で1000室以上の賃貸マンションを運営し、12ヘクタールの食用とワイン用のぶどう、栗、いちごを栽培する農地も保有。資産は10億円を超える。また、スタートアップ22社の株主となり、エンジェル投資家としても活躍。

現在、子ども6人の8人家族で仲良く暮らしながら、多くの人に成功哲学や、夢のかなえ方を伝えるために、出版、講演、楽曲・映画製作などの活動に取り組んでいる。2024年、札幌で国際映画祭を開催する発起人としても、活動中。

著書に5万部のベストセラーとなった『金持ち列車、貧乏列車　成功者だけが持つ「切符」を手に入れる方法』（幻冬舎）がある。

お金の引力

2023年 4月30日　初版発行
2023年 5月20日　第2刷発行

著　者　末岡由紀
発行人　黒川精一
発行所　株式会社サンマーク出版
〒169-0074 東京都新宿区北新宿2-21-1
電話　03-5348-7800
印　刷　三松堂株式会社
製　本　村上製本所

ISBN978-4-7631-4022-7　C0030
定価はカバー、帯に表示してあります。落丁、乱丁本はお取り替えいたします。
ホームページ　https://www.sunmark.co.jp